正しく理解する

教養としての心理学

KATO Tsukasa

加藤 司

［著］

福村出版

本書の構成イメージ

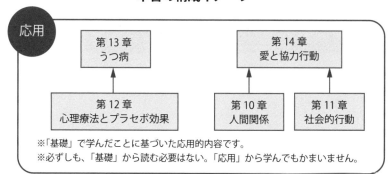

応用

| 第 13 章 うつ病 | | 第 14 章 愛と協力行動 | |

| 第 12 章 心理療法とプラセボ効果 | 第 10 章 人間関係 | 第 11 章 社会的行動 |

※「基礎」で学んだことに基づいた応用的内容です。
※必ずしも、「基礎」から読む必要はない。「応用」から学んでもかまいません。

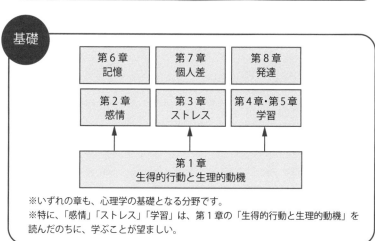

基礎

| 第 6 章 記憶 | 第 7 章 個人差 | 第 8 章 発達 |
| 第 2 章 感情 | 第 3 章 ストレス | 第 4 章・第 5 章 学習 |

| 第 1 章 生得的行動と生理的動機 |

※いずれの章も、心理学の基礎となる分野です。
※特に、「感情」「ストレス」「学習」は、第 1 章の「生得的行動と生理的動機」を読んだのちに、学ぶことが望ましい。

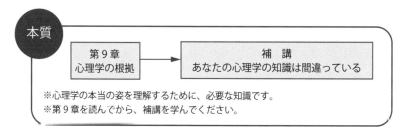

本質

| 第 9 章 心理学の根拠 | 補 講 あなたの心理学の知識は間違っている |

※心理学の本当の姿を理解するために、必要な知識です。
※第 9 章を読んでから、補講を学んでください。

| コラム | ※本文には、書けなかったことを書いています。
※学びを深めるために、少し難解な説明をしています。
※説明は難解でも、内容は平易です。 |

補講　あなたの心理学の知識は間違っている　191

コラム

心理学小史

1879 年	ヴントが心理学実験室を設置
1884 年	ジェームズが末梢起源説を発表
1885 年	エビングハウスが『記憶について』を出版
1897 年	パブロフが条件反射の研究を発表
1898 年	ソーンダイクが試行錯誤学習を発表
1905 年	ビネーが知能検査を作成
1913 年	ワトソンの行動主義宣言
1925 年	ケーラーが洞察学習を発表
1932 年	キャノンがホメオスタシスを発表
1935 年	ローレンツがインプリンティングを発表
1936 年	セリエがストレス学説を発表
1938 年	スキナーが『生体の行動』を出版
1941 年	ミラーが模倣の実験を発表
1943 年	ハルが『行動の原理』を出版
1950 年代	認知革命
1950 年	ピアジェが『発生的認識論序説』を出版
1951 年	ボウルビィがマターナルディプリベーションを発表
1952 年	アイゼンクが心理療法の効果を発表
1957 年	フェスティンガーが認知的不協和理論を発表
1963 年	バンデューラが観察学習を発表
1964 年	シャクターが二要因説を発表
1967 年	オーバーマイヤーとセリグマンが学習性無力感を発表
1967 年	ナイサーが『認知心理学』を出版
1970 年	ワイナーが帰属理論を発表
1980 年代	認知行動療法の普及
1980 年	アメリカ精神医学会が DSM-Ⅲ を出版
1984 年	ラザルスが『ストレスの心理学』を出版

「心理学の過去は長いが、心理学の歴史は短い」（エビングハウス）

基礎

第1章
生得的行動と生理的動機

　最初の章では、生まれ持った行動である生得的行動と、生命維持の基盤である生理的動機を取りあげる。それはヒトの行動を理解する最初の段階である。読者は、そのような低次の行動や動機は、高次の機能であるヒトの「こころ」とは関係がない、と思っているかもしれない。しかし、日常の「こころ」の動きが、どのような行動から生まれたのかを考えると、その究極の答えは、生得的行動と生理学的動機に行きつく。ここで取りあげた行動は、のちに学ぶ学習理論（第4章と第5章）の基盤にもなる。がんばリボン。

1　生得的行動

　生得的行動は、経験によって獲得した行動ではなく、生まれ持った行動である。生得的行動には、走性、反射、本能行動がある。

(1) 走性と反射

　走性とは、光、化学物質、電気などの刺激に向かって移動したり、あるいは、その刺激と反対の方向に移動したりする性質である。多くの昆虫には、光に向かって移動する性質がある。このような性質を走光性という。ゾウリムシには、酸性の化学物質に対して走化性がある。また、ゾウリムシは、陰極（電位が低い極）に向かう電気走性も持っている。

　反射とは、特定の刺激に対して意識することなく、機械的に、体の一部が起こす反応である。反射は、自律神経反射と体性反射に分けることができる。

自律神経反射には、瞳孔に入る光の量を調節する対光反射などがある。体性反射には、ひざの下をたたくと足が前に上がる膝蓋腱反射、喉の奥を触ると吐きそうになる咽頭反射などがある。また、モロー反射、バビンスキー反射、吸啜反射、自立歩行反射など、乳児期で観察できる反射も、体性反射のひとつである。このような乳児期の反射を**原始反射**という。原始反射は、大脳皮質（脳の表面部分）の発達とともに、その多くは生後6か月程度までになくなる。モロー反射（驚愕反射）は、大きな音や大きな衝撃を受けて驚くと、両腕を大きく広げたあとに、抱きつくような行動である。バビンスキー反射は、足の裏をかかとから指先にかけて、指や棒状のものなどで触れると、親指が反り返る。しかし、他の4本の指は、親指とは逆の方向に丸くなる。吸啜反射は、哺乳反射のひとつで、口にくわえたものを飲みこもうとする。

（2）本能行動

　本能行動は、走性や反射とは異なる生得的行動であるが、本能行動のとらえ方は、研究者によって違う。動物行動学では、**本能行動**は、特定の刺激（触発刺激、信号刺激、あるいは鍵刺激という）によって生じる生得的行動を意味する（動物行動学は比較行動学ともいい、動物の種による行動の違いを研究する学問分野である。**ローレンツ**が体系化した）。また、本能行動は、生存や繁殖のための行動でもある。動物行動学者の**ティンバーゲン**は、オスのイトヨ（魚類の一種）の生殖行動に注目した。イトヨは、普段、群れをなして行動している。しかし、繁殖期になると、オスはなわばりを持つようになり、腹部が赤くなる。そして、腹部が赤くなったオスが、なわばりに侵入すると、そのオスを攻撃するようになる。繁殖期であっても、腹部が赤くなければ、イトヨはなわばりに入ったオスを攻撃しない。イトヨのオスの攻撃行動のように、本能行動は、特定の状態にある時（繁殖期）、外部刺激である**触発刺激**（腹部が赤いこと）によって、うながされる生得的行動である。触発刺激によってうながされた行動は、種に特有であり、普遍的である。つまり、他の種には見られない行動であり、同じ種内のすべての個体で見ることができ

る。クモが糸を使って巣を作る行動、鳥類の求愛行動なども触発刺激によって生じる本能行動である。

　本能行動を、反射の連鎖（つながり）だと考える研究者もいる。また、別の研究者は、本能行動の意味を広げ、生理的動機によって生じる行動を、本能行動と呼んでいる（生理的動機については次項で説明する）。このように、本能行動は一義的ではなく、別の用語を用いて、本能行動を定義する場合もある。別用語の例としては、固定的動作パターンという用語がある。

2　生理的動機

　生理的動機は、飢え、渇き、眠気、便意や尿意などであり、生理的な不均衡（バランスがくずれること）によって生じる。生理的動機を満たす行動（摂食、飲水、睡眠、排泄など）をすると、生理的な不均衡状態は解消する。たとえば、体内で水分がたりなくなると、生理的な不均衡状態になり、のどが渇く。水を飲むと生理的な不均衡状態が解消し、のどの渇きはなくなる。このように、生理的動機は生命維持にとって必要な機能である。

(1) 動因、誘因、動機づけ

　生理的動機の仕組みや、生理的動機による行動を紹介する前に、動因、誘因、動機づけについて説明する。**動因**は、生理的必要を満たしていない生体内部の状態である。生理的必要とは、食べ物、飲み物、睡眠などが不足している状態である。それらの生理的必要によって、食べたい、飲みたい、眠りたいなどの動因が生じる。

　誘因とは、動因を満たす外的要因である。目標という言葉に置き換えてもよい。飢え、渇きに対して、食べ物、飲み物が誘因に相当する。誘因を獲得すると、生理的必要が消え、動因は低下する。その結果、行動が起こらなくなる。たとえば、食べ物を獲得すると、食べ物の不足状態から解放され、食べたいという動因が低下し、摂食行動が起こらなくなる。

動機づけは目標によってかり立てられ、その目標を達成するために必要な行動を起こさせる心理的過程である。いわゆるモチベーションのことである。別のいい方をすれば、動機づけは、「生理的必要→動因（動機）→誘因（目標）」の一連の過程を含めた概念である。

(2) ホメオスタシス

　最も基本的な生理的動機は、**ホメオスタシス**によって生じる。ホメオスタシスとは、外部の環境が変化しても、生体内部の環境を一定に保とうとする性質である。いい換えれば、ホメオスタシスは、生体内の生理的な不均衡を、バランスのとれた状態にもどそうとする機能である。ヒトの場合、気温が変化しても、汗を流して体温を下げたり、体をふるわせて体温を上げたりすることで、36度前後を保とうとする。体液のイオン濃度や血糖濃度なども、ホメオスタシスによって、一定に保っておこうとしている。また、飢えによる摂食、渇きによる摂水、尿意や便意による排泄など、生理的な不均衡によって生じる行動は、ホメオスタシスが働いた結果である。ホメオスタシスは、主に脳の**視床下部**によって調整されている（コラム2参照13頁）。それゆえ、視床下部は、生命維持の中枢である。

　このような生体内部の恒常性は、1878年にベルナールが発見した。ベルナールは、生体内部の恒常性を内部環境と呼んだ。その後、ベルナールの内部環境は、**キャノン**によって、ホメオスタシスと名称を変え、世界中に広まった。

(3) 摂食行動

　摂食行動は、ホメオスタシスによって起こる。そのことを、よくあらわしている実験が**カフェテリア実験**である。リヒターらは、ラットが食べ物を自由に食べることができる状況を用意した。そして、栄養学的視点からラットの摂食状況を調べた。つまり、栄養学的に必要である11種の栄養素を、ラットがどの程度食べていたかを調べた。すると、ラットは、栄養学的にバ

コラム2　脳の機能

　人文・社会学系の読者にとって、脳の構造を理解することは苦手かもしれない。そこで、学習の手助けとして、脳の構造について簡単に図示する（正確には少し間違っている）。

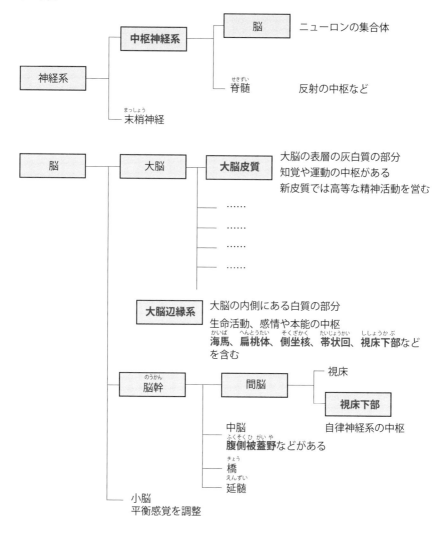

ランスのとれた食べ物を食べていた。ディビスは、離乳期の乳児を対象に実験を行い、リヒターらの発見と同様の結果を得た。これらのカフェテリア実験の結果は、特定の栄養素が不足した状況（特殊飢餓（きが））では、その栄養素を含む食べ物を、選んで食べることを意味している。

　ホメオスタシスによる摂食行動の調整を、生物学的に説明する。古くは、空腹感や満腹感は、胃の収縮（しゅうしゅく）が原因であると考えていた。つまり、お腹が鳴れば空腹を感じ、お腹がいっぱいになれば満腹を感じる。しかし、この考えは誤っていた。胃を取り除いた人も、空腹感を感じるからである。現在では、空腹感や満腹感は、脳の視床下部によって生じると考えている。実際、視床下部の外側を傷つけると、食べ物を食べなくなる。一方、視床下部の腹内側を傷つけると、食べ続けて肥満になる。そのため、視床下部の外側を摂食中枢、視床下部の内側を満腹中枢と呼んでいる。このように、視床下部の内側と外側によって、一定の体重を維持している。もう少し詳しく説明すると、食べ物を食べなければ、血中のブドウ糖濃度が低下する。そのような空腹の情報は、胃から放出したグレニンというホルモンによって、視床下部に伝わる。視床下部では、神経伝達物質（コラム3参照）であるニューロペプチドYを放出し、摂取行動をうながす（食事をする）。一方、食事をすると、十二指腸（しちょう）からコレシストキニンというホルモンを分泌（ぶんぴつ）し、その情報が視床下部に伝わる。その結果、摂食行動がおさえられる（食べるのをやめる）。

(4) ダイエットとホメオスタシス

　長期的に見れば、多くのダイエットは失敗する。そればかりか、ダイエットは過食につながる（リバウンドする）。なぜなら、ダイエットは、ホメオスタシスに逆らっているからである。食物制限によって体重が減少したラットは、自由に食べることができるようになると、食物制限前の体重にもどったあとも、過食が続く。ヒトも同様である。以下に説明するヘルマンらの研究は、食事制限をしている人は、食事制限がなくなると、過剰に食べ物を食べてしまうことを示している。ヘルマンらは、日常の食事制限を調査し、日常

コラム3 ニューロンと神経伝達物質

行動の基盤は神経系にある。ヒトの神経系は、**中枢神経**（脳と脊髄）と**末梢神経**に分けることができる。中枢神経は、末梢神経を通じて器官や細胞に命令を与えたり、末梢神経から入ってきた情報を処理したりする。末梢神経は、中枢神経に情報を送り、中枢神経からの情報を器官や細胞に伝える。

神経系は、基本単位である**ニューロン**（神経細胞）の連鎖である。ニューロンにはさまざまな形状があるが、基本的な形状は同じで、細胞体、樹状突起、軸索がある（下図参照）。別のニューロンから送られた情報は、樹状突起が受け取り、細胞体に伝わる。その情報（電気信号）は軸索を通って末端に伝わる。ニューロンとニューロンとの間にはわずかな隙間が空いていて、ここで軸索の末端から化学物質を放出し（電気信号を化学信号に変換する）、その化学物質を次のニューロンの樹状突起で受け取ることによって、情報を伝達する。ニューロンとニューロンの間の接合部分はシナプス、化学物質は**神経伝達物質**という。神経伝達物質はニューロンで作られ、シナプスで放出する。その作用によって、ニューロンなどを興奮したり、抑制したりする。神経伝達物質を受け取る樹状突起の部分を受容体（レセプター）という。

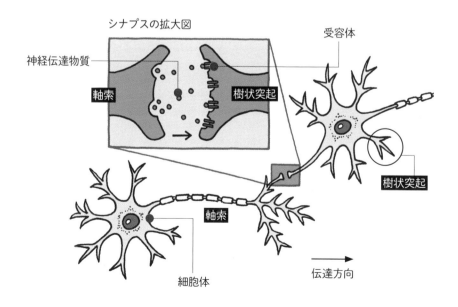

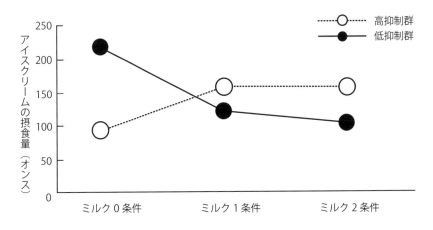

図1-1　ヘルマンらの実験結果

の食事制限によって、女子大学生を2つの群に分けた。食事制限の強い高制
限群と、食事制限の弱い低制限群である。いずれの群でも、女子大学生の体
重は平均的だった。実験では、まず、女子大学生にミルクシェイクを与えた。
ある女子大学生にはミルクシェイクを飲ませず（ミルク0条件）、ある女子大
学生には1杯飲ませ（ミルク1条件）、別の女子大学生には2杯飲ませた（ミ
ルク2条件）。ミルクシェイクを飲ませたあと、3種類のアイスクリームの味
を評価するという名目で、自由にアイスクリームを食べさせた（図1-1）。す
ると、ミルク0条件では、高抑制群の女子大学生は低抑制群の女子大学生
より、アイスクリームを食べた量が少なかった（高抑制群は普段食事を制限し
ているため、アイスクリームの量が少なかった）。しかし、ミルクシェイクを飲
んだ条件（ミルク1条件とミルク2条件）では、アイスクリームを食べた量が
逆転した。注目すべき点は、低抑制群の女子大学生では、ミルクシェイクを
口にした量が多いほど、アイスクリームを食べた量が減っていたことである。
この結果は、低抑制群のすべての条件の女子大学生が、ほぼ一定の糖分を摂
取したことを意味している。つまり、低抑制群の女子大学生は、一定以上の
糖分を取らないように、アイスクリームを食べる量を、自然にコントロール

していたのである。しかし、高抑制群の女子大学生では、ミルクシェイクを飲んだ条件の方が、飲んでいない条件より、アイスクリームを食べた量が増えた。この結果は、高抑制群の女子大学生は、普段食事を制限しているため、アイスクリームを食べる量をコントロールできず、一度甘いものを口にすると、過剰にアイスクリームを食べたことを意味している。つまり、ダイエットをしている人は、食べ物を口にすると、食べ過ぎてしまい、かえって体重が増えるのである。

　もし、食べる量を減らす必要があるならば、食事に時間をかけて、ゆっくりと食べることである。複数の実験によって、ゆっくりと食事をすると、食べる量が減ることがわかっている。一口分の食事量を減らしたり、会話などをすることで、食事中に休息を入れたりすると、ゆっくり食事をすることができる。

（5）報酬系

　脳内には、**報酬系**という快楽をもたらす神経回路（ニューロンの集まり）がある。オルズとミルナーは、ラットの脳のある部位に電極をうめこみ、短時間だけ、電気が流れる装置を作った。ラットがレバーを押すたびに、脳に電気が流れると、ラットがレバーを押す回数が増えた。ラットがレバーを押すと、脳のある部位（電気を流した部位）で、快楽が生じたからである。

　報酬系は複雑で、中脳の腹側被蓋野と黒質、側坐核、扁桃体、大脳皮質の前頭前野など、脳の多くの部位が関係している（コラム2参照13頁）。**ドパミン**は、これらの部位に作用し、快楽を生み出している神経伝達物質である（第14章「恋愛とドパミン」参照181頁）。ドパミンは腹側被蓋野で作られ、側坐核や扁桃体に作用する。当初、ドパミンは、何かを欲している時に作られると考えられていた。少し詳しくいえば、望んでいる物を得た時に、快楽を感じることを繰り返し経験する。その結果、報酬を得ることができると期待している時に、ドパミンが作られるようになる。その後、シュルツは、ドパミンは期待していた報酬と実際の報酬の差によって、作り出されることを

発見した。つまり、期待していた報酬よりも、大きな報酬を得た時に（あるいは、予期せず報酬を得た場合）、ドパミンが作られる。

3 内発的動機

　内発的動機とは自発的に生じる動機で、行動すること自体が目的になる。しかし、内発的動機は、生理的動機に基づく生得的な動機ではなく、別の動機に基づく生得的な動機である。内発的動機の例として、知的好奇心を思い浮かべると、理解しやすい。

　内発的動機は、報酬や罰などによって、行動が起こる外発的動機に対置する用語として、よく用いられる。外発的動機づけは、「誰かから褒められるから、勉強をする。単位が必要だから、勉強する」というような動機である。一方、内発的動機づけは、「知的好奇心によって、純粋に、学びたいから学ぶ」というような動機である。

　内発的動機は、1950 年ころから、ハーローらによって、実験室で観察され始めた。その多くが、探索行動や操作行動と呼ばれている知的好奇心に関連した行動である。探索行動とは、見知らぬ場所に放置された動物が、その場所の様子を知るために、においをかいだり、動き回ったりする行動である。ハーローらの実験では、周りを見ることができないケージ（飼育室）に、アカゲザルを入れた。そのケージに小窓を作ると、アカゲザルはその小窓を開け、外を見ようとした。また、アカゲザルは、その小窓を開けることを強化子（報酬）とした学習を獲得できた（学習と強化子の関係については、第 4 章を読むと理解できる）。

　操作行動とは、何かを触ったり、動かしたりする動機による行動である。アカゲザルの実験では、アカゲザルにパズルを与えると、アカゲザルは、そのパズルで遊び、解くことができるようになった。また、パズルを解くまでの時間も、だんだん早くなった。探索行動も操作行動も、見たり、聞いたり、触ったり、動かしたりして、感覚器官によって何らかの刺激を得ることが、

報酬になる行動である。

4　獲得性動機

　動機は生得的な動機だけではない。経験によって学習する**獲得性動機**も存在する。獲得性動機のひとつは、生理的動機から生まれた派生的な動機である。たとえば、摂食行動は生理的動機による行動のひとつであるが、お金によって食べ物を買うことができるという経験をすることで、お金を得たいという動機が生まれる。つまり、生理的動機から、お金を得たいという動機が生まれる。このような派生的な動機をあつかう時、派生した動因を二次的動因（あるいは派生的動因）といい、本来の動因を一次的動因という場合がある。派生的な動機の他に、単純な経験を繰り返すことによって生じる、中毒性の動機もある。獲得性動機は、生命維持に必要な生理的動機とは異なり、望ましくない行動や結果をもたらすこともある。中毒性の動機は、その代表的な例である。

（1）中毒性の動機

　酒、激辛（げきから）食品、タバコ、麻薬（まやく）などを好む動機は、生得的な動機ではなく、経験によって学習した獲得性動機である（喫煙（きつえん）は本人だけではなく、周囲の人々の心身にとっても有害である。また、麻薬の保持や使用は違法である）。中毒性の動機の仕組みを説明する考え方のひとつに、ソロモンらが考えた相反（そうはん）過程理論がある。**相反過程理論**では、快・不快にかかわらず、ホメオスタシスのように、中性の感情を維持する脳の神経生理学的仕組みを考えている（図1-2参照）。感情が生まれる刺激を受けると、急激に快感情（不快感情）が上昇し、ピークに達する（図1-2の灰色の部分が、刺激を受けている期間の反応）。そして、その刺激に対する慣れが生じ、快感情（不快感情）が安定する。刺激がなくなると、急激に快感情（不快感情）が低下し、快感情（不快感情）とは逆の不快感情（快感情）が起こる。やがて、不快感情（快感情）は徐々

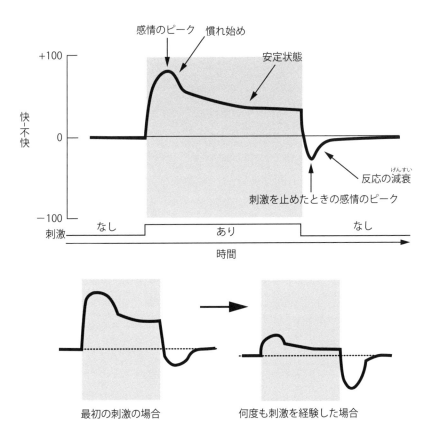

図 1-2　ソロモンの相反過程理論。
初回の反応（左下）と複数回経験した場合（右下）

に低下し、刺激を与える前の状態にもどる。たとえば、「ビールは、一口目
が一番うまい」というように、ビールを口にした直後に、快感情はピークに
達する。そのあとも飲み続けると、ビールのうまみに慣れ、ビールに対する
快感情は安定する（それほど、心地よくは感じない）。そして、ビールを飲み
終えた直後は、「しばらく飲まなくともいい」と思うようになる（ビールを
飲むことを多少不快に思う）。不快な刺激の場合も同じである。サウナに入っ
た直後は、蒸し暑さによって不快感情が生まれ、すぐにピークに達する。や

がて蒸し暑さに慣れ、不快感情が落ち着く。サウナから出ると解放感などによって快感情が生まれるが、その快感情はすぐに消える。

　刺激を繰り返し経験すると、刺激による感情の幅が変化する（図1-2下の左図から、右図のように変化する）。図1-2下の左図は、初めて刺激を経験した時の感情の変化であり、図1-2下の右図は、繰り返し刺激を受けた場合の感情の変化である。繰り返し刺激を経験し続けると、その刺激による感情が弱くなる。一方、その刺激を止めると、感情は強くなる。初めてビールを飲んだ時と（左図）、何度も繰り返しビールを飲んだ時（右図）の違いである。具体的に考えるために、麻薬を例にあげよう。麻薬を使い始めたころは、麻薬による快感情は強い（左図）。しかし、麻薬を常習するようになると、麻薬による快感情は弱まる（右図）。そして、麻薬を使用したあとの不快感情は逆に強くなる。そのため、さらに麻薬を使いたくなる。こうして、麻薬に依存するようになる。

(2) 社会的動機

　社会的動機とは、社会生活を通じて獲得した動機のことである。社会的動機は生得的な動機ではなく、個人が属している社会や文化の価値観に基づいた動機である。女性の社会進出を望んでいない社会で育つと、「社会で成功したくない動機」が女性のなかで生まれる（そんな学術用語はないが、類似した現象はある）。社会的動機には、承認動機、支配動機、独自性動機、攻撃動機、援助動機、依存動機など、さまざまな動機がある。達成動機と親和動機は、古くから知られている社会的動機である。達成動機とは、物事をなしとげたいとか、成功したいという動機である。親和動機とは、誰かと仲良くなりたい、友好な関係を作りたいという動機である。

　社会的動機の多くは、生理的動機（あるいは、知的好奇心などの基本的動機）から、派生した獲得性動機である。しかし、社会的動機の多くは、生理的動機の本来の目的から離れ、独立した動機となる。難しくいえば、生理的動機から機能的に自律した動機になる。このような現象を、オルポートは機

能的自立性と呼んだ。たとえば、お金を欲しがる動機は、食べ物を食べるという生理的動機から派生したものである。しかし、お金をかせぐこと自体が目的となると、お金をかせぎたいという欲求は、生理的動機とは無関係になる。それは、十分に食べることができているにもかかわらず、お金を得たい欲求がなくならない状態である。

本章に関連のある重要な人名・学術用語

アトキンソンと期待・価値モデル、自己調整学習、神経性大食症、神経性無食欲症、性行動、肥満、マクドゥーガルの本能論、マズローの欲求階層説、マレー、メタ認知、メタ動機づけ

コラム4 アンダーマイニング効果

　内発的動機は、金銭などの報酬を得ることによって低下する。このような現象をアンダーマイニング効果という。この効果を確かめるために、デシは大学生にソマパズルをさせる実験を行った。ソマパズルとは、いろいろなブロックを組み合わせ、指示された形を作る立体パズルである。この実験では、大学生を報酬群と無報酬群の2つの群に分け、以下の3つのセッションを行った。第一セッションでは、両群の大学生に自由にパズルをさせた。第二セッションでは、報酬群の大学生には、制限時間内にパズルを解いた数に応じて報酬（1問1ドル）を与えた。一方、無報酬群の大学生には、これまで通りパズルをさせ、報酬を与えなかった。第三セッションでは、両群ともにパズルをさせた。それぞれのセッション間に休憩を8分間はさみ、別室で自由に過ごさせた。別室にはパズルを含め、雑誌などが置いてあった。この実験では、休憩時間にパズルに取り組んだ時間を、報酬群と無報酬群との間で比較した。その結果が下図である。報酬群では、報酬をもらった後の休憩中に、パズルに取り組む時間が増えたが、報酬を得ることができなくなるとその時間が減った。その時間はもともと自由にパズルに取り組んだ時間よりも短くなった。ただし、金銭ではなく言葉による報酬を与えた場合には（称賛するなど）、パズルに取り組む時間が増えた。課題を変えた別の研究でも、同じような結果になった。

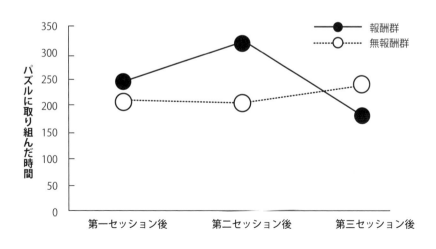

第2章
感情

　感情がどのようにして生まれるのかについて、認知との関係から説明する。なお、情動、感情、気分は、厳密にはそれぞれ異なるが、理解しやすさを優先させ、ここでは「感情」に統一している。読者には、われわれが日常的に経験している感情を、科学的に研究するために、研究者がどのような工夫をしてきたかを感じてほしい。

1　基本感情

　進化論の提唱者である**ダーウィン**は、動物とヒトの表情は似ており、表情には、動物からヒトにつながる進化的連続性があると考えた。そして、ヒトには、文化普遍的表情が存在することを確認した。つまり、どのような文化でも、同じ表情があり、その表情の意味も同じであると考えた。エクマンやイザードなどは、このようなダーウィンの考えに影響を受け、ヒトの感情は、進化の過程で残された適応的なものであり（たとえば、感情があるために危険を回避できた）、いくつかの文化普遍的な基本感情が存在すると考えた。**エクマン**は、ヒトの**基本感情**として恐怖、怒り、嫌悪、悲しみ、喜びをあげた。そして、それぞれの感情に対応する普遍的表情と、特定の神経基盤が存在すると考えた。たとえば、恐怖に対しては、恐怖を意味する表情と（恐怖だけを意味する特定の表情がある）、恐怖に対応する神経反応がある（恐怖だけに反応する神経反応がある）。

　基本感情の研究は、ヒトの表情の研究を進展させた。表情研究のひとつに、

顔面フィードバック仮説がある。**顔面フィードバック仮説**とは、顔面の筋肉と腺（表情筋）の組み合わせによる表情のパターンが、脳にフィードバックし、その表情のパターンに対応した感情が生じるという考えである。顔面フィードバック仮説が正しいなら、強制的にある表情をさせると、その表情に対応した感情が生じる。たとえば、口角をあげ、笑顔を作る。楽しい気持ちになれば、顔面フィードバック仮説が正しいことになる。同様に、ペンを歯でくわえても、楽しい気持ちになるかもしれない。この方法は、ペン・テクニックといわれている。

2　感情の喚起と身体反応

(1) ジェームズ・ランゲ説

　クマに遭遇すると恐怖を感じ、体がガタガタとふるえる。これは一般的な考え方であるが、**ジェームズ**は、クマに遭遇したことを知覚した直後に、体がガタガタとふるえ、そのふるえを感じることで、恐怖が生まれると説明した（図 2-1）。つまり、末梢の身体変化（体がふるえること）が中枢（脳や脊髄）に伝わることで、感情（恐怖）が生じる（コラム 3 参照 15 頁）。いい換えると、感情が生まれるためには、その感情に先んじて、何らかの身体的変化が必要になる。また、ジェームズは、それぞれの感情に対応する自律神経系

〈ジェームズ・ランゲ説〉

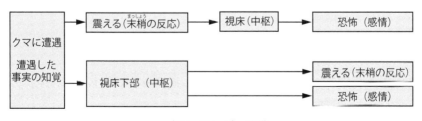

〈キャノン・バード説〉

図 2-1　ジェームズ・ランゲ説（上）とキャノン・バード説（下）

（第3章「自律神経系」参照39頁）の活動によって、特有の身体変化が存在すると考えた。同時期に、同様の研究をランゲが報告したことから、このような考えを**ジェームズ・ランゲ説**という。また、感情の始まりが末梢にあるという意味で、末梢起源説と呼ぶこともある。ジェームズ・ランゲ説は、感情に関する最初の生理学的理論である。

(2) キャノン・バード説

　ジェームズが主張するように、身体変化が末梢から中枢に伝達し、感情が生まれるのなら、末梢神経（末梢と中枢の連絡をになう神経）を切れば、感情は生まれないはずである。しかし、末梢神経を切断しても、感情は持続する。また、ジェームズの主張が正しいなら、人工的に身体変化を起こしても、何らかの感情が生まれるはずである。しかし、アドレナリンによって、内臓器官に変化を与えても（人工的な身体変化）、感情は生まれない。

　このような事実から、**キャノン**はジェームズ・ランゲ説を批判し、クマと遭遇すると、その情報は、脳の視床下部を通じて大脳皮質に伝わり、恐怖などの感情が生まれると同時に、視床から末梢に伝わり、身体的変化（体がふるえる）が生じると考えた（図2-1）。このようなキャノンの考えに、弟子のバードの研究を加えたものを、**キャノン・バード説**という。感情が中枢によって生じることから、中枢起源説ともいう。ジェームズ・ランゲ説は、キャノンの批判以降、一時衰退したが、のちの研究に影響を与えた。

(3) 感情による身体反応

　キャノンは、恐怖や怒りなどの感情を経験すると、ホメオスタシスによって（第1章「ホメオスタシス」参照12頁）、生体内部に変化が起こることを発見した。キャノンが発見した身体反応とは、心拍数や血圧の上昇、呼吸数の増加、唾液や消化液の分泌の抑制であり、副腎髄質からアドレナリンを分泌することによって生じる反応だった。こうした反応を、キャノンは緊急反応と呼んだ。緊急反応は、敵対する生物に対して、闘うにしろ、逃げるにしろ、

自然界で生活する動物にとって、適応的反応である。この行動を**闘争・逃走**（とうそう）**反応**という。なお、ストレスと身体反応に関しては、第3章の「主要な身体反応」（36頁）を参照のこと。

(4) 感情の神経学的基盤

　パペッツは、感情に関与している複数の脳の部位からなる情動回路を発見した。つまり、感情は、特定の脳の部位ではなく、複数の脳の部位から構成される神経回路によって生まれると考えた。現在では、主に、**扁桃体**（へんとうたい）が快・不快の評価に、**側坐核**（そくざかく）は快感情の評価に（第1章「報酬系」参照17頁）、前頭葉の眼窩前頭皮質や帯状回（たいじょうかい）が感情の制御に関与しており、**視床下部**は感情によって生じる身体反応（自律神経系の活動やホルモンの分泌など）を調節している（コラム2参照13頁）と考えている。

　扁桃体は、特に恐怖などの嫌悪感情との関係が強い。たとえば、健常なサルはヘビを恐れるが、扁桃体を傷つけたサルは、ヘビを口でくわえるなど、恐怖を始めとする感情的反応をあらわさなくなる（クリューバー・ビューシー症候群という）。ヒトの脳画像によっても、扁桃体が、恐怖などの感情の評価に関与していることがわかっている。

3　感情における認知の役割

(1) シャクターの二要因説

　ジェームズの研究に強い影響を受けた**シャクター**は、感情が生まれるためには、生理的覚醒（かくせい）（たとえば、心拍数や呼吸数の増加）に加え、状況の認知が必要であると考えた。状況の認知とは、個人が置かれている状況などから判断して、生理的覚醒状態の意味を知ることである。たとえば、クマに遭遇した状況がどのような意味を持つかを考え、心拍数が増加していることに気がつき、この感情は恐怖であると判断する。このような考えを**シャクターの二要因説**という。

　シャクターの二要因説が正しいことを示す研究例として、シャクターとシン

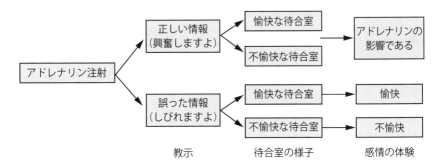

図 2-2　シャクターらの実験

ガーの実験を紹介する（図 2-2）。シャクターらは、まず、参加者にアドレナリ
ンを注射した。アドレナリンを注射すると、心拍数の増加、血圧上昇、瞳孔
散大などの生理的覚醒が起こる。次に、ある参加者には、アドレナリンの影
響について正しい情報を与えた。しかし、別の参加者には「かゆみ」や「し
びれ」などの副作用が生じる、といった誤った情報を与えた（あるいは、何
の情報も与えなかった）。その後、参加者は、2 つの待合室のいずれか一方に
入室した。ある待合室では、実験者の指示を受けたサクラが、陽気にふる
まっていた（愉快な待合室）。一方、別の待合室では、サクラが不機嫌そうに
ふるまっていた（不愉快な待合室）。正しい情報を与えた参加者は、待合室の
影響を受けなかった。しかし、誤った情報を与えた参加者は、サクラの行動
の影響を受け、愉快な待合室では楽しい感情を経験し、不愉快な待合室では
不快な感情を経験した。すなわち、正しい情報を与えられた参加者は、「ア
ドレナリンによる生理的覚醒（心拍数が上がるなど）は、アドレナリン注射
が原因である」と考え、待合室でのサクラの行動に影響を受けなかった。一
方、誤った情報が与えられた参加者は、「アドレナリンによる生理的覚醒は、
待合室でのサクラの行動が原因である」と判断した。シャクターらは、生理
的食塩水（生理的覚醒を生じない物質）を注射した別の参加者に対しても、同
様の実験をしたが、参加者の感情は、待合室でのサクラの行動に影響を受け
なかった。

　錯誤帰属（第 11 章「社会的推論」参照 146 頁）は、シャクターの二要因説を、部分的に支持している。**錯誤帰属**とは、因果関係（原因と結果との関係）に関して、間違った考えをもつ現象である。感情の錯誤帰属では、実際に経験した身体反応（結果）から、自分の感情（原因）を考えることによって、実際には経験していない誤った感情が生じる。感情の錯誤帰属のひとつに、**つり橋効果**がある（コラム 17 参照 139 頁）。ダットンとアーロンは、男性参加者に高所の不安定なつり橋をわたらせた。つり橋の先には、女性面接者（サクラ）が待っていた。その女性面接者は、男性参加者に、名前と電話番号を書いたメモを渡した。後日、50% の男性参加者が、女性面接者に電話をかけた。一方、頑丈な橋をわたった男性参加者の中で、女性面接者に電話をした人は 13% だった。この実験結果は、つり橋をわたることで心拍数が上がったことを、男性参加者が「女性面接者に好意を持ったため、心拍数が上がった」と誤った判断をしたと解釈できる。

　その後、シャクターらの実験と同じ実験をしたが、多くの研究者は、シャクターらと同様の結果を再現できなかった。そのため、シャクターは自説を取りさげた。しかし、シャクターの研究は、多くの研究者に認知の重要性を知らしめた。現在では、認知が感情に与える影響を無視できない。

(2) ラザルス・ザイアンス論争

　ラザルスは、感情が生まれるためには、状況に対する認知的評価が不可欠であり、感情は認知的評価の結果として生じると考えた（第 3 章「認知的評価」参照 43 頁）。一方、**ザイアンス**は、感情と認知は独立した機能であり、感情が生まれるためには、認知は必ずしも必要ではないと主張した。たとえば、ザイアンスらは、閾下（刺激が小さいため、反応が起こらない状態）と閾上（反応が起こる状態）における**プライミング効果**を比較した（図 2-3 参照）。プライミング効果とは、ある刺激を与えることによって、その直後の課題の成績が変化する現象である（第 6 章「潜在記憶とプライミング」参照 77 頁）。実験では、まず、プライム刺激（先行刺激）として、笑顔あるいはしかめ面

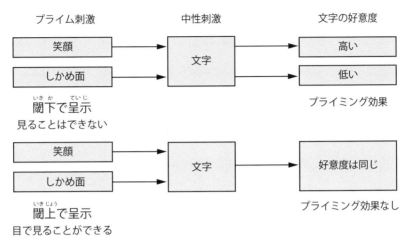

図 2-3 ザイアンスらの実験

の写真を、閾下（呈示時間がとても短いため、顔写真が見えない）あるいは閾上（顔写真を見ることができる）で見せた。その直後に、文字（中性刺激）を見せ、その文字に対する好意度（感情）を判断させた。閾下条件では、しかめ面に対して、笑顔を見せた方が、文字に対する好意度が高かった（プライミング効果を観察した）。しかし、閾上条件では、そのような現象を見ることができなかった。ザイアンスは、この実験の結果を次のように考えた。閾下条件では、プライム刺激（男女の顔）を認知できなかったにもかかわらず、プライム刺激が文字に対する好意度に影響した（好きあるいは嫌いという感情が生じた）。つまり、感情が生まれるためには、認知は必要ではない。一方、閾上条件では、プライム刺激を認知しているにもかかわらず、プライム刺激は文字に対する好意度に影響しなかった。すなわち、認知と感情は、互いに独立した機能である。1980 年代、ふたりの研究者は、自説を実証するための研究を繰り返し発表し、ラザルス・ザイアンス論争と呼ばれる激しい主張合戦を行った。

　ラザルスは認知的評価理論をさらに発展させ、**認知・動機づけ・関係理論**を提唱した。認知・動機づけ・関係理論では、それぞれの感情は、認知的評

価の要素と中心的関係テーマが結びつくことによって生じるとする。中心的関係テーマは、それぞれの感情によって異なり、状況に対して、個人的な意味を持つ。たとえば、怒りという感情の中心的関係テーマは「私と私の家族に対する品位をおとしめるような攻撃」であり、関連する重要な評価の要素は脅威と責任の所在である。大学教授があなたを注意したとする。そのことで、あなたの自尊心が傷つき、あなたにとって脅威であると評価し、その責任がその大学教授にあると判断すると、「私と私のものに対して、品位をおとしめるような攻撃」という中心的関係テーマが形成する。そのことが、怒りという感情を生む。

4　社会における感情と認知

(1) 感情から認知への影響

　ここまで、認知によって、感情が影響を受ける（感情が生まれる）研究について説明した。ここでは、感情が認知に与える影響について説明する。このような現象のひとつに、気分一致効果がある。**気分一致効果**とは、ある感情を経験した時に、その感情と一致する認知（記憶や行動も含む）が生じる現象である。たとえば、楽しい気分の時に、ある出来事を経験すると、その出来事を楽しいと判断する。バウアーらは、催眠によって、ある参加者を幸福な気分、別の参加者を悲しい気分にした。その後、アンドレとジャックの2名の大学生が登場する物語を読ませた。この物語では、アンドレは幸福であり、ジャックは不幸だった。翌日、参加者を中性的気分にしたのち、物語について思い出すよううながした。その結果、前日に催眠によって幸福な気分にした参加者は、アンドレに関する出来事を、より多く思い出した。しかし、悲しい気分にした参加者は、ジャックに関する出来事を、より多く思い出した。バウアーの研究以外にも、次のような気分一致効果の研究がある。晴れの日（気分の良い日）の電話調査では、雨の日（気分が悪い日）の調査より、生活満足感が高いと回答する参加者が多かった。気分の良い研究参加者

は、他者に対して好印象を持った。気分を良くした参加者は、購入した商品に対して高い満足感を示した。しかし、否定的感情に対して、気分一致効果が観察できなかったり、感情と正反対の認知が生じたりする研究例もある。

(2) 文化の重要性

　社会的構成主義では、感情は、状況に対する個人的判断を含んでおり、社会・文化を通じて獲得すると考えている。社会的構成主義者である**エイブリル**は、感情は一時的な社会的役割（ある状況において、社会的に規定した一連の出来事）であり、それは、状況に対する個人の評価を含んだ、アクション（行為）というより、パッション（受動的経験としての情念）であると考えた。具体的に説明する。感情が生まれる状況では、その状況を評価したり、行動したり、身体反応を解釈したりする時に、適切な方法を決める規則が作られる。その規則は、社会・文化によって決まる。その規則にしたがって、個人の感情が生まれる。社会的構成主義では、認知が重要であるとしながらも、それ以上に、感情が生まれる社会・文化に重点を置いている。それゆえ、感情は、文化特異的な反応であると考えている（文化によって、感情は異なる）。また、感情は社会が作ったものであるため、感情の種類には限りがない。このような点で、社会的構成主義は、感情の文化普遍性（基本感情）を強調する研究者や、ジェームズ派の研究者と対立する。

　社会的構成主義の感情のとらえ方を理解するために、ラボットの研究を紹介する。ラボットらは、サクラと一緒に、実験参加者に、涙を誘う映画を見せた（部分的に笑える場面もある）。サクラは、「涙を流す」「くすくす笑う」「何の感情も示さない」のいずれかの演技をした。「涙を流す」「何の感情も示さない」サクラと一緒に映画を見た参加者が経験した感情は、「くすくす笑う」サクラと一緒に映画を見た参加者とは違っていた。さらに、「涙を流す」男性のサクラや、「何の感情も示さない」女性のサクラに対して、男女（参加者）ともに、他のサクラより好ましいと評価した。これらの結果は、その場にふさわしい感情が存在し、実際に経験する感情は、状況（社会的役

割）によって変わることを意味している。

本章に関連のある重要な人名・学術用語

アーノルド、感情制御、恐怖条件づけ、グロス、情動伝染、報酬系、ミラーニューロン、
ヤーキンス・ダットソンの法則

第3章
ストレス

　ストレスに対応するための生理学的仕組みと、心理学的仕組みについて紹介する。人文・社会学系の読者には、苦手なことかもしれないが、人の「こころ」を理解するためには、ヒトの体の仕組みを理解しなければならない。本章を通じて、読者には、「こころ」と「体」は、相互に深く関係していることを理解してほしい。

1　ストレスとセリエのストレス説

(1) ストレッサーとストレス反応

　日常会話で使用しているストレスには、ストレッサーとストレス反応、2つの意味がある。**ストレッサー**は、ストレス源（ストレスの原因）である。ストレッサーには、友人とのもめごと、失恋、受験など、不快な感情を生む情動的刺激だけでなく、寒暖、騒音、放射性物質への被曝などの物理的刺激、酸素欠乏、薬物、毒物などの化学的刺激、感染、出血、疼痛（体の痛み）などの生物学的刺激などがある。**ストレス反応**とは、ストレッサーによって生じる感情の変化、認知・行動の変化、身体反応の総称である。つまり、ストレッサーを経験すると、不安になったり、落ちこんだり、失敗が多くなったり、眠れなくなったり、病気になったりする。このような反応が、ストレス反応である。セリエが、ストレッサーによる身体反応をストレスと名づけたことから、ストレス反応をストレスと呼ぶこともある。

　また、ストレッサーの経験期間によって、ストレスを分けることもできる。

すなわち、長期間にわたってストレッサーを経験し続けることを**慢性ストレ ス**といい、実験や環境変化などによって、一時的にストレッサーを経験する ことを急性ストレスという。

(2) ホメオスタシス

　ホメオスタシスとは、外部環境が変化しても、生体内部の環境を一定に維 持しようとする生体機能である（第1章「ホメオスタシス」参照12頁）。たと えば、ヒトの場合、気温が変化しても、汗を流して体温を下げたり、体をふ るわせて体温を上げたりすることで36度前後を保とうとする。ホメオスタ シスは、ストレッサーによって生体内のバランスがくずれた状態を、健全な 状態にもどそうとする役割をしている。ホメオスタシスは**キャノン**が提唱し た概念で、下記で説明する大脳辺縁系や視床下部を中心に、自律神経系、内 分泌系、免疫系が相互に関連し合って作動している。

(3) セリエのストレス学説

　セリエは、1936年、どのようなストレッサーを経験しても、非特異的な 身体反応が生じることを、実験によって明らかにした。非特異的な身体反応 とは、ストレッサーの種類にかかわらず、同じ身体反応が起こることである。 セリエが発見した非特異的な身体反応とは、副腎肥大、胸腺・リンパ組織 （内分泌器官）の萎縮、胃十二指腸潰瘍などである。セリエは、このような 身体反応は、短期的には生体が環境に適応するための反応であると考え、こ れを汎適応症候群と名づけた。

　汎適応症候群には、警告反応期、抵抗期、疲はい期、3つの段階がある （図3-1）。ストレッサーを経験すると、ストレッサーに抵抗するための準備 状態である警告反応期に入る。**警告反応期**では、一時的に生体の抵抗力が弱 まったのち（体温下降、血圧・血糖の低下など）、急激に抵抗力が上昇する （体温上昇、血圧・血糖の上昇、副腎肥大、胸腺の萎縮など）。その後、**抵抗期**に 移り、ストレッサーに対する抵抗力が高まった状態が続く。すなわち、生体

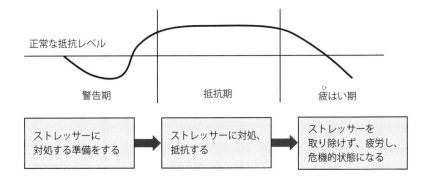

図 3-1　セリエの汎応症候群

がストレッサーに対応できる状態になる。ストレッサーを長期にわたって経験すると、生体の抵抗力が低下し、生体が適応できない状態である**疲はい期**に入る。長期にわたる慢性ストレス状態では、胃十二指腸潰瘍などの症状があらわれ、生体を死に追いやる場合もある。セリエは多くの成果を残し、ストレスという概念を世に広めたことから、ストレスの父と呼ばれることがある。**ストレス学説**とは、一般的に、セリエのストレス理論をさす。セリエやキャノンは生理学者であり、ストレス研究は生理学から生まれた。

2　主要な身体反応

　ストレッサーを経験すると、その信号は大脳辺縁系を介して、視床下部に伝わる（図 3-2 参照）。**視床下部**からは、自律神経系、内分泌系、免疫系を介し、生体にさまざまな反応を起こす。大脳辺縁系（特に扁桃核と海馬）は、不安や恐怖などの感情、記憶に関与しており、視床下部と密接な神経連絡がある（コラム 2 参照 13 頁）。そのため、視床下部を中枢とする自律神経系や内分泌系は、感情の影響を強く受ける。免疫系は、自律神経系と内分泌系の影響を受けると同時に、大脳辺縁系や視床下部に影響を与えることで、感情に深く関与している。このように、感情と身体反応は、相互に影響し合う関

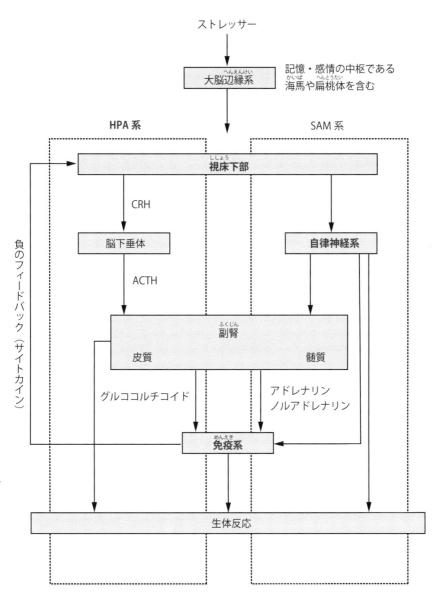

CRH：副腎皮質刺激ホルモン放出ホルモン　ACTH：副腎皮質刺激ホルモン

図 3-2　ストレッサーに対する主な生体反応

コラム⑤　コントロール可能性

　同じストレッサーを経験しても、コントロール可能な状況（何とかできる状況）と
コントロール不可能な状況（どうしようもない状況）とでは、ストレス反応の程度が
異なる。ヴェイスはネズミに電気ショック（ストレッサー）を与え、実験後にできた
胃の潰瘍（ストレス反応）を調べた。ヴェイスが用いた実験手法はトリアディックデ
ザインと呼ばれ、実際に電気ショックを受けるネズミは左と中央のネズミであり、右
のネズミが電気ショックを受けることはない。左と中央のネズミの電気ショックの装
置はつながっており、同じ頻度・強度の電気ショックを受ける。ネズミを入れている
実験装置の前方にはレバーがあり、左のネズミのレバーは電気ショックにつながって
いるが、中央のネズミのレバーは、電気ショックにはつながっていない。つまり、左
のネズミがレバーを押すと電気ショックが止まるが、中央のネズミがレバーを押して
も、電気ショックは止まらない。

　実験の結果、すべてのネズミの胃に潰瘍ができた。しかし、左のネズミと比較し、
中央のネズミの潰瘍は大きかった。右のネズミはわずかであるが胃潰瘍ができた（見
知らぬ装置に入れられことがストレッサーとなった）。この実験の結果は、同一のス
トレッサー（電気ショック）を経験しても、コントロール可能な状況より、コント
ロール不可能な状況にさらされると、ストレス反応（胃潰瘍の程度）が大きくなるこ
とを意味している。

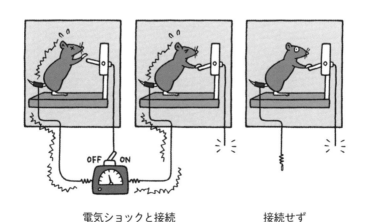

電気ショックと接続　　　　　　接続せず

係にある。このような「こころ」と体の関係を、心身相関という。「病は気から」という言葉は、このような感情と身体との関係をよくあらわしている。

(1) 自律神経系

　自律神経系は末梢神経系のひとつであり、交感神経系と副交感神経系がある。自律神経系は、多くの内臓器官（心臓、肺、副腎、胃、腸、膀胱など）を支配している。交感神経系と副交感神経系の関係は、アクセルとブレーキの役割にたとえることができる。まず、ストレッサーを経験すると、**交感神経系**が緊張状態になり、ストレッサーに抵抗しやすい状態となる（アクセル）。具体的には、交感神経系の緊張によって**ノルアドレナリン**（神経伝達物質）が、副腎髄質からは**アドレナリン**が分泌し、心拍数増加、血圧上昇、呼吸の増大などが起こる。一方、**副交感神経系**は交感神経系の興奮を鎮め、心拍数減少、心臓収縮の低下など、交感神経系と拮抗した働きをする（ブレーキ）。睡眠時や休息時、食後などでは、交感神経系より副交感神経系が優位になる。このように、交感神経系と副交感神経系によって、生体内の恒常性を維持している。このような視床下部 - 交感神経 – 副腎髄質系（SAM系）は、キャノンが注目したストレス反応系であり、重要な生理的ストレス反応のひとつである。

　自律神経系は、消化器官系、呼吸器系、循環器系などの諸器官を調節している。そのため、ストレッサーを長期間経験し続けると、自律神経系のバランスがくずれ、自律神経失調症（めまい、頭痛、動悸、ほてり、嘔吐、下痢などの症状）、過呼吸症候群、胃や十二指腸の潰瘍、不眠症などのストレスに関連した病気になる。

(2) 内分泌系

　内分泌系は、血中に**ホルモン**（化学物質）を放出することで、生体の活動を調整している。そのような働きは、ストレスに適応した反応である。具体的にいえば、ストレッサーを経験すると、視床下部から副腎皮質刺激ホルモ

ン放出ホルモンを放出し、下垂体は副腎皮質刺激ホルモンの分泌をうながす。その結果、副腎皮質からグルココルチコイド（ヒトの場合はコルチゾール）などのホルモンを放出し、胃酸の分泌が増加したり、糖代謝が進んだり、免疫活動が抑制されたりする。視床下部からはアルギンバソプレシンを分泌し、下垂体からバソプレシンを血中に放出することで血圧が上がる（ストレッサーの性質によって、バソプレシンの分泌をうながしたり、おさえたりする）。副腎皮質刺激ホルモン放出ホルモン、バソプレシン、グルココルチコイドは、ストレス反応に強く関与していることから、**ストレスホルモン**という。このような視床下部－下垂体－副腎皮質系（**HPA 系**）は、ストレス反応の最も重要な経路である。HPA 系は、セリエが注目したストレス反応系である。

　長期にわたりストレッサーを経験すると、ホルモンを過剰に分泌し、生体に悪影響を与える。摂食障害、糖尿病、肥満症、甲状腺機能亢進症（バセドウ病）などは、内分泌系に関係したストレス疾患である。

(3) 免疫系

　免疫系は、細菌や毒素などが生体に侵入することを防いだり、侵入した細菌や毒素などを排除したり、生体内に発生した疾患（がんなど）から身体を守ったりしている。ストレッサーを経験すると、免疫系は、自律神経系および内分泌系を介して影響を受ける。たとえば、免疫活動は、交感神経系の興奮によるノルアドレナリンやアドレナリン、副腎皮質から分泌したグルココルチコイド（内分泌系）によって抑制される。また、免疫系は、免疫細胞からはサイトカイン（情報を伝達するタンパク質）を放出し、大脳辺縁系や視床下部に影響を与えることで、自律神経系や内分泌系に関与している。つまり、免疫系の活動は感情、認知、行動などに影響を与えている。

　長期にわたってストレッサーを経験すると、免疫機能の低下、あるいは抗原（細菌・毒素など、生体が異物とみなした物質）に対する過剰な反応が生じる。免疫機能が低下すると、感染症やがんなどにかかりやすくなる。たとえば、ストレッサーを経験することで、がん細胞を破壊する機能（特に転移の

抑制）を持つナチュラル・キラー細胞の活動が低下し、がん細胞の成長が早まる危険性がある。抗原に対する過剰な反応として、自己免疫疾患やアレルギー性疾患がある。自己免疫疾患は、自己を非自己と誤って認識することで、自己の細胞に対する抗体（抗原に対応するたんぱく質）を形成することで起こる病気である（自分の細胞を攻撃するために抗体ができる）。たとえば、慢性関節リウマチ、潰瘍性大腸炎などの症状が出る。アレルギー性疾患には、抗原に対して免疫系が過剰に反応した症状で、気管支喘息、アトピー性皮膚炎などが含まれる。

　ただし、ストレッサーに対する実際の身体反応は、上記で説明したとおりになるわけではない。たとえば、ストレッサーの種類によって、生体の反応は違い、そのうえ、その反応は個体によっても異なる。このようなストレッサーに対する反応の差異をストレス反応性という。

3　心理社会的ストレッサー

　ホームズと**レイ**は、ストレスの心理社会的要因に注目した初期の研究者である。彼らは、生活環境に重大な影響を与えるライフイベントに注目した。**ライフイベント**とは、精神的に大きなショックを与えるストレッサーであり、

表 3-1　ホームズとレイの社会的再適応評価尺度（LCU 得点）の一部

ライフイベント	LCU	ライフイベント	LCU	ライフイベント	LCU
配偶者の死	100	失業	47	個人的習慣の変化	24
離婚	73	夫婦の和解	45	睡眠習慣の変化	16
夫婦別居	65	退職・引退	45	食生活の変化	15
近親者の死	63	妊娠	40	長期休暇	13
大きなケガ・病気	53	収入の増減	38	クリスマス	12
結婚	50	個人的な成功	28	小さな法律違反	11

生涯に数回程度しか経験しないような出来事である。また、ホームズとレイは、ライフイベントに適応するために、必要とするエネルギーの総量を得点化（LCU得点）した**社会的再適応評価尺度**を作成した（表3-1）。LCU得点は、基準値（50点）を結婚とし、得点が高いライフイベントほど、ストレス強度が高くなる。そして、過去一年間に経験したライフイベントのLCU合計得点によって、病気の発症率を予測した。このように精神的に大きなショックであるライフイベントが、ストレスに関連した病気につながるという考え方を**ライフイベント理論**という。

4　ラザルスのストレス理論

　ライフイベント理論に対し、多くの研究者が、主に以下の2つの点で批判した。第一に、LCU得点はストレスに関連した病気や健康状態を十分に予測しない点である。多くの研究は、ストレスに関連した病気を含めた健康状態を悪化させる原因は、ライフイベントではなく、日常的に繰り返し経験するささいなストレッサー（**日常苛立ちごと**）であることを明らかにした。第二に、ライフイベント理論では、ストレス反応性（個人差）を説明できない点である。つまり、同じようなストレッサーを経験しても、病気になる人もいれば、病気にならない人もいる。つまり、ストレッサーに対する身体的反

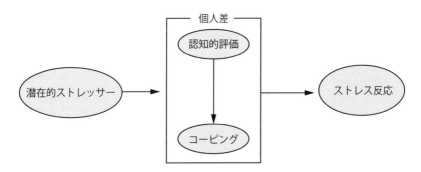

図 3-3　ラザルスのストレス発生モデル

応も精神的反応も、人によって大きく違っている。ライフイベント理論は、このようなストレス反応の個人差を軽視していた。

　これらの問題点を解決し、現在の心理的ストレスモデルの中心的な役割をはたしている理論が、**ラザルス**のストレス理論である（図 3-3）。ラザルスは、日常的に繰り返し経験する日常苛立ちごとを重視し、ストレス反応の個人差を、認知的評価とコーピングによって説明しようとした。

(1) 認知的評価

　認知的評価とは、潜在的ストレッサーに対する個人の主観的評価である。認知的評価は、一次的評価と二次的評価に分類できる。一次的評価は、遭遇したストレッサーが「有害であるかどうか」「ストレスフルであるかどうか」など、利害関係に関する評価である。潜在的ストレッサーをストレスフルであると評価し、初めてストレッサーとなる。「自分には関係がない」「有害ではない」と判断すれば、その個人にとっては、ストレッサーではない。二次的評価は、何ができるのかに関する判断である。「どのようなコーピングを使用できるのか」もまた、二次的評価のひとつである。

(2) コーピング

　認知的評価によって、ストレッサーをストレスフルであると判断すると、そのストレッサーに対して、何らかの対応をすることになる。やつあたりしたり、酒を飲むことで気を紛らわしたり、あるいは、ストレスフルな問題そのものを解決しようとしたり、さまざまな方法で対処しようとする。このような行動を**コーピング**という。コーピングの分類はさまざまであるが、ラザルスは、コーピングを問題焦点型コーピングと情動焦点型コーピングの 2 つに大別している。**問題焦点型コーピング**は、ストレスフルな状況を生み出している問題を解決することで、ストレス反応を減少させようとするコーピングの方略群である。一方、**情動焦点型コーピング**は、ストレスフルな状況によって生じた不快な感情を鎮め、調節しようとするコーピングの方略群であ

表3-2　ラザルスらの8つのコーピングの方略

方略の名称	コーピングの説明
計画的問題解決	問題を解決するために計画を立てたり、解決方法を考え出したりする
対決型コーピング	ストレスフルな状況を変えるために、積極的に取り組もうとする
自己コントロール	自分の感情や考えを表に出さず、コントロールする
責任受容	自分の行動を自覚し、反省する
サポート希求	他者から何らかの援助を得ようとする
逃避・回避	問題を解決する意欲を失い、ストレスフルな状況を避けようとする
離隔型コーピング	ストレスフルな状況は自分と関係がないものであると思い込む
肯定的解釈	ストレスフルな状況を肯定的に解釈する

る。さらに、ラザルスは、自己コントロール、サポート希求、肯定的解釈など、8つのコーピングの方略を示した（表3-2）。

　コーピングの方略の間には、特定の方略が優れていて、特定の方略が劣っている、という優劣はない。コーピングを用いるための個人の資源（性格、経済状況、健康状態など）、個人を取り巻く環境、そしてストレッサーの性質などによって、コーピングの方略の効果が変化するからである。また、同一のストレッサーに対しても、状況が変化したり、時間が経過したりすると、使用するコーピングの方略も変化する。さらに、同じストレッサーに対して、用いるコーピングの方略はひとつとは限らない。ほとんどすべての人は、同じストレッサーに対して、複数のコーピングの方略を用いている。このようにコーピングとストレス反応との関係は複雑である。現在のコーピング研究では、ストレスフルな状況の変化に応じて、使用するコーピングの方略を変えることができることが、より望ましい結果を得ると考えている。具体的にいえば、あるストレッサーに対して、効果のなかったコーピングの方略の使用を断念し、そのストレッサーに対して、別のコーピングの方略を使用することが、身体的、精神的に健康になる。このような能力を、**コーピングの柔**

軟性という。それゆえ、コーピングの柔軟性は、決して、多くのコーピングの方略を使用することではない。むしろ、多くのコーピングの方略を使用することは、ストレス反応を増すことになる。コーピングはストレスに関する重要な学術用語として、今日でも注目され続けている。

(3) ストレス反応

　ストレッサーを経験すると、短期的には不安、怒り、抑うつなどの感情的変化が生じる。長期的には、自信喪失、思考力の低下、無気力、引きこもりなどの認知・行動的変化、身体的症状、社会的機能の低下などを引き起こす。このような変化は、社会的に不適応を起こしたり、幸福感を下げたりする。ラザルスのストレスモデルは、ストレスに関連した病気や健康状態だけでなく、社会的適応や幸福感など、広範囲におよぶストレス反応を予測できる。

(4) トランスアクションモデル

　ラザルスのストレス理論は、**トランスアクションモデル**と呼ばれている。潜在的ストレッサーを経験した人は、認知的評価を行い、その認知的評価に基づきコーピングを実行する。その結果として、ストレッサーによるストレス反応があらわれる。認知的評価とコーピングは、状況の変化や時間的経過によって、何度も繰り返す。すなわち、コーピングを実行することで、ストレッサーそのものや、認知的評価が変化する。その結果、次に使用するコーピングも変化する。また認知的評価やコーピングをしている間にも、別のストレッサーを経験し、そのストレッサーに対して、認知的評価やコーピングを行う。ラザルスのいうトランスアクションとは、このような生体と環境とのダイナミックな双方向的関係を意味している。現在でもラザルスのストレス理論は、ストレス研究の中で大きな影響力を持ち、ストレス過程を理解するうえで重要である。

5　ストレスマネジメント

　予防医学では、予防を一次予防、二次予防、三次予防に分類している（零次予防、四次予防、五次予防という概念もある）。**一次予防**とは、健康を維持・促進するための教育、生活習慣や生活環境の改善、予防接種など、病気にならないための活動である。**二次予防**は、病気を早く見つけ、病気が悪化しないようにすることである。つまり、早期発見と早期治療のことである。二次予防の例として、健康診断の普及などがある。**三次予防**は、病気の治療中の保健指導（食事の指導も含む）、病気の再発防止、病気が回復してからの社会復帰（たとえば、リハビリテーション）である。このような予防医学の考えを、精神の健康にあてはめようとする考え方がある。たとえば、職場の場合、一次予防は、ストレスの管理（ストレスマネジメント）、ストレス教育、職場環境の改善などである。二次予防は、精神的な問題をかかえている従業員を見つけたり、医療機関などの受診をうながしたりすることである。三次予防とは、精神的問題によって休職した従業員が、職場復帰できるように支援したり、復帰した従業員が、働きやすいような制度や環境を作ったりすることである。

　ストレスマネジメントとは、ストレスとうまくつき合って生活する方法である。ストレスをなくすこと、ストレスから逃げることは、ストレスマネジメントの目的ではない。ストレスマネジメントは、精神的な健康の一次予防と二次予防において、重要な役割をはたす。簡易的なストレスマネジメントでは、以下のようなことを行う。まず、ストレスに関する正しい知識を、身につけることから始まる（本章で説明したような内容を学ぶ）。インターネットなどから得た誤った知識を、改めることも必要である。次に、自分自身のストレス状況を知る。たとえば、質問紙法やバイオマーカーなどを用いて（第9章「測定方法」参照117頁）、現在そして普段の自分のストレス状況を把握する。最後に、コーピングを実際に使ってみる。さまざまなタイプのコー

タイプA行動パターン

　1959年、フリードマンとローゼンマンは、タイプA行動パターンという概念を発表した。タイプA行動パターン（以下タイプA）の人は、「目標を達成するために精力的に活動を行う」「競争心が強い」「功名心（こうみょう）が強い」「常に時間的な切迫感を感じている」「強い攻撃性や敵意」「大声で、早口、断定的な話し方をする」などの特徴を示す。タイプAが注目を集めた理由は、タイプB行動パターン（タイプAと正反対の行動傾向）の人と比較して、タイプAの人は、心筋梗塞（しんきんこうそく）や狭心症（きょうしんしょう）などの冠状動脈性（かんじょうどうみゃくせい）心疾患（しんしっかん）にかかりやすいことが明らかになったためである。冠状動脈性心疾患とは、心臓の動脈（冠状動脈）に血の固まり（血栓（けっせん））ができ、血液の流れが悪くなることで発症する病気である。当時のアメリカでは、冠状動脈性心疾患は死亡原因の第一位であった。タイプAを世界的に知らしめた研究は、ウエスタ・コラボレイティブ・グループ・スタディである。この研究は、1960年代から1980年代にかけて、およそ3,500名の白人男性を対象に、8年以上に渡って行った追跡調査である。その後、同様の大規模な疫学（えきがく）研究が行われ、同様の結果が報告された。しかし、1990年代に入ると、矛盾する報告が発表され、研究は急速に下火になった。現在では、タイプAと冠状動脈性心疾患との間の関連性は低く、タイプAの特徴のひとつである攻撃性や敵意が、冠状動脈性心疾患を予測すると考えられている。これらの研究とは別に、タイプAの人は高い目標を持っているために、他者より多くの失敗経験を繰り返し、その結果、うつ症状が現れやすいという報告もある。

　タイプC行動パターン（タイプC）もある。タイプCはテモショックが提唱した概念であり、「協力的で控えめ」「自己主張が弱く」「忍耐強い」「否定的な感情（不安や恐れ、悲しみなど）を表に出さない」「権威者に従順（じゅうじゅん）」といった性格傾向である。タイプCのCはがん（Cancer）の頭文字で、タイプCのような性格傾向は、がんにかかりやすいと考えている（免疫機能（めんえき）が低下するため、がんに罹患しやすい）。タイプD行動パターン（タイプD）も存在する。タイプDとは、デモレットらが提唱した概念で、否定的な感情を有し、社会的な場面で自分の感情を抑える（おさ）性格である。タイプDは、冠状動脈性心疾患の罹患率が高いという報告がある。最後はタイプE行動パターン（タイプE）である。タイプEはブレイカーが提唱した行動パターンであり、キャリア・ウーマンに代表されるように、高い達成目標を持ち、過剰な努力をする女性の行動傾向である。

ピングの方略を使用してみることで、ストレッサーを経験した時に、使うことができるコーピングの方略のレパートリーを広げる。ストレスマネジメントは、職場だけでなく、小学校や中学校などでも行っている。

本章に関連のある重要な人名・学術用語

ウォルピィの逆制止理論、ウォルフ、エイダーと免疫条件づけ、キャノンの闘争－逃走反応、行動医学、行動療法、シュルツと自律訓練、ストレス免疫訓練、ソーシャルサポート、対象喪失、バイオフィードバック、防衛機制、楽観主義、ワイナー

基礎

第4章

学習：古典的条件づけとオペラント条件づけ

　この章では、心理学に最も貢献した研究者であるスキナー、ワトソン、パブロフなどが登場する。多くの読者は、心理学といえば、カウンセリングや性格テストのようなものを思い浮かべるかもしれない。しかし、「学習」こそ、科学としての心理学が誕生し、成長することに最も貢献した研究分野である。また、本章で紹介する古典的条件づけやオペラント条件づけの手続きは、心理学のみならず、科学のさまざまな領域で使用されている。その研究を支えてきた研究者が、行動主義者である（コラム7参照61頁）。本章と次章を通じて、読者が、そのことを理解することを願っている。

1　学習の基礎

(1) 学習とは

　学習とは、経験によって生じた行動の獲得過程であり、行動の変化である。しかし、その行動の変化は、比較的長期間維持している場合に限る。飲酒をしたり、薬物を飲んだりすると、行動は変化する。しかし、それらの行動は、学習による行動ではない。そのような行動は、一時的であり、酔いがさめたり、薬物の影響が切れたりすると、消えてしまうからである。同じ理由から、疲労や感情変化による行動の変化も、学習ではない。また、学習は生得的行動の獲得過程ではない。つまり走性、反射、本能行動（第1章「生得的行動」参照9頁）などの生得的行動も学習ではない。同じ理由から、成熟も学習ではない（第8章「発達」参照98頁）。成熟とは、時間の経過とともに、遺伝

の要因によって、成長・変化する過程である。

　学習というと、勉強を想像しがちだが、それ以外にも、横断歩道をわたったり、大学に通ったり、講義に出席したり（欠席したり）、爆裂魔法を詠唱したり、水瀬いのりのコンサートに出かけたり、といった日常生活のほぼすべての行動は、学習によって獲得したものである。この学習の仕組みを説明する諸理論を**学習理論**という。本章と次章では、学習理論として、古典的条件づけ、オペラント条件づけ、観察学習を紹介する。その前に、より単純な学習である慣れについて紹介する。

(2) 順化と鋭敏化

　慣れは学習によって生じる。学習理論では、慣れを順化という。専門的にいえば、**順化**とは、刺激を繰り返し経験することによって、その刺激に対する反応の強度が減少する現象である。たとえば、大きなブザー音を鳴らすと、ラットは跳びあがって驚くが、何度もブザー音を鳴らすと、ラットが跳びあがる反応は小さくなる。第1章の「中毒性の動機」（19頁）では、中毒性の刺激を繰り返し経験することで、その刺激によって、強い快感情を得ることができなくなることを説明した。この学習も順化である。

　上記のラットの順化の場合、ラットの跳びあがる反応が小さくなったあと、ランプを1度光らせる。すると、ブザー音に対して、再び大きく跳びあがる。この現象を脱順化という。脱順化後もブザー音を繰り返せば、跳びあがる反応は小さくなる。

　また、順化によって、跳びあがる反応が小さくなったあと、ラットに電気ショックを1度与える。すると、ブザー音を繰り返し流すと、ラットが跳びあがる反応は徐々に大きくなる。このような現象を鋭敏化という。鋭敏化は、生体にとって、有害になる刺激を与えた場合に生じ、そのような刺激に対して、反応が増大する学習である。

2　古典的条件づけ

(1) パブロフの実験

　ノーベル賞を受賞した**パブロフ**の実験を紹介する前に、確認することがある。イヌに肉片を見せると唾液（だえき）が出る。しかし、メトロノームの音を聞かせても、唾液は出ない。この意味で、メトロノームの音は中性刺激である。ここからが、パブロフが行った実験の説明である（図4-1参照）。パブロフは、イヌに肉片を見せると同時に、メトロノームの音を聞かせた（イヌは実験装置に固定されているために、肉を食べることはできない）。この手続きを繰り返した。すると、メトロノームの音を聞いただけで、唾液が出るようになった（肉片を見せなくても、唾液が出た）。このような行動を、パブロフは条件反射と呼んだ（のちに、条件反応と呼ばれる）。

　それぞれの刺激と反応には名称がある。唾液を無条件で出させる刺激である肉片を**無条件刺激**という。その肉片によって、唾液が出る反応を**無条件反**

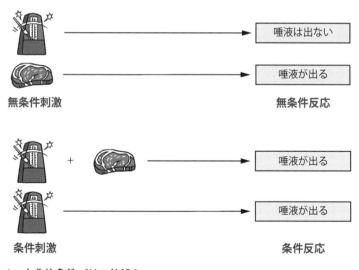

図 4-1　古典的条件づけの仕組み

応という。一方、肉片と同時に繰り返し与えることで（条件つきで）、唾液
を出させるメトロノームの音を**条件刺激**という。そのメトロノームの音に
よって、唾液が出る反応を**条件反応**という。また、メトロノームの音と肉片
を、同時に与える操作を**強化**という。このように、イヌが学習した行動の仕
組みを、**古典的条件づけ**という。

　古典的条件づけの仕組みを、別の行動で説明する。幼い子どもは、白衣を
着た医者を見ても反応しない。白衣の医者は中性刺激であり、イヌにとって
のメトロノームの音と同じだからである。しかし、次のような場合には、子
どもの行動が変化する。子どもが白衣の医者に注射を打たれて、泣き出す。
この時の注射が無条件刺激であり、注射を打たれて泣き出す行動が無条件反
応である。子どもが、何度か、白衣を着た医者に注射を打たれる経験をする。
すると、子どもは、白衣を着た医者を見ただけで泣き出すようになる。この
時の白衣の医者が条件刺激であり、白衣の医者を見て泣き出す行動が条件反
応である。子どもは、古典的条件づけによって、白衣の医者を見ると泣き出
すという行動を学習したのである。

(2) 古典的条件づけの性質

　古典的条件づけは、もともと中性刺激であった刺激が、無条件刺激を同時
に与えることによって、中性刺激と無条件刺激との関係（連合）を学習する
過程である。パブロフは、古典的条件づけを形成するためには、条件刺激と
無条件刺激が、時間的に接近している必要があると考えた。具体的にいえば、
条件刺激（メトロノームの音）は無条件刺激（肉片）より、時間的にやや先行
するか、あるいは同時である必要がある。このような考え方を**接近の法則**と
いう。また、古典的条件づけには、中性刺激に無条件刺激を繰り返し与えな
ければならない。

(3) 消去、般化、弁別

　消去と般化は、古典的条件づけが形成したあとの現象である。メトロノー

ムの音を聞いただけで、唾液が出るようになったあとのことを考えよう。肉片を与えることなく、何度もメトロノームの音を聞かせ続ける。すると徐々に、唾液の出る量が減り、やがて唾液が出なくなる。この現象を消去という。上記の白衣の医者の例でいえば、白衣の医者に会っても注射を打たれない経験を繰り返すと、子どもは、白衣の医者に会っても泣かなくなる。**消去**とは、古典的条件づけが形成したのち、無条件刺激をともなわず、条件刺激を繰り返し与え続けると、条件反応が起こらなくなる現象である。

　般化とは、メトロノームの音だけではなく、メトロノームに似た音でも唾液が出ることをいう。白衣の医者の例でいえば、子どもが白衣を着た看護師を見ただけで、泣き出すことである。つまり、**般化**とは、古典的条件づけが形成したあと、条件刺激に類似した刺激に対しても、条件反応が起こる現象である。また、条件反応に類似した反応が起こることも般化という。

　しかし、次のような手続きでは、般化は起こらない。メトロノームの音と同時に肉片を与えるが、ドアをノックする音に対しては、肉片を与えないとする。この手続きを繰り返すと、メトロノームの音だけでも唾液が出るようになる。しかし、メトロノームの音に似ていても、ノックをする音に対して、唾液は出ない。このような現象を**弁別**という。白衣の医者の例では、白衣の医者が注射をしたあと、別室で白衣を着た看護師が、子どもに接したとする。子どもは白衣を着た医者を見て泣くが、白衣を着ている看護師を見ても泣かない。その行動が弁別である。

(4) 高次条件づけ

　パブロフの実験では、メトロノームの音を聞いただけで、唾液が出るようになった。このメトロノームの音を使って、新しい古典的条件づけが成立する。たとえば、メトロノームの音とランプの光を、同時に繰り返し、イヌに与え続ける。すると、ランプの光を見ただけで、唾液が出るようになる。このような現象を**高次条件づけ**という。高次条件づけは、条件刺激が強化としての機能を持つようになることでもある。

3　オペラント条件づけ

(1) 試行錯誤学習

　オペラント条件づけにつながる学習は、**ソーンダイク**によって、最初に発見された。ソーンダイクは、鍵のかかった実験箱にネコを入れた。その鍵は外からかかっていたが、内側からも開けることができた。実験箱に入れたネコは、いろいろな場所に触れているうちに、偶然、実験箱の鍵を開けることに成功した。再びネコを実験箱に入れると、ネコは鍵を開けることができた。このやり取りを繰り返すと、鍵を開けるまでの時間が短くなった。このような学習を、ソーンダイクは**試行錯誤学習**と呼んだ。

(2) スキナーの実験

　スキナーは、スキナー箱と呼ばれる実験箱に、ラットを入れて実験をした。スキナー箱にはレバーがあり、レバーを押すとエサ箱からエサが出る仕組みだった（図4-2参照）。スキナー箱に入れたラットは、箱の中を探索したあと、レバーを押すとエサが出ることを学習した。ラットは、レバーを押すとエサ

図 4-2　スキナーの実験

が出ることを、一度学習すると、急速にレバーを押す回数が増加した。スキナーのこの実験は、ソーンダイクの実験と似ているが、現象のとらえ方は、スキナーとソーンダイクでは大きく違っていた。そして、スキナーの実験は、**オペラント条件づけ**と呼ばれる新しい学習の仕組みを生み出した。

(3) 強化と罰

　オペラント条件づけの強化と罰を、図4-3にまとめた。ある行動の結果、

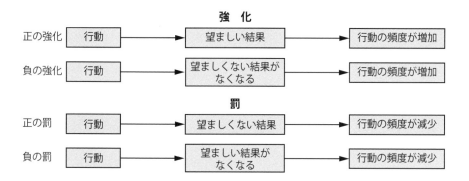

図 4-3　オペラント条件づけの強化と罰

環境が変化する。その環境の変化が、その行動をした生体にとって望ましい場合、行動の頻度が増加する。たとえば、子どもがお遣いに行き、お母さんにほめられたとする。すると、お遣いに行く回数が増える。この場合、行動が「お遣いに行く」、環境変化が「お母さんにほめられた」である。また、望ましくない状況を取り除く環境変化も、行動の頻度が増加する。子どもがお遣いに行ったあと、この子どもの役目である「ペットの猫の世話」をしなくてもすんだとする（この子どもは、ペットの世話をしたくない）。すると、この子どもは、お遣いに行く回数が増える。この場合の環境変化は、「ペットの世話をしなくてすんだ」ことである。このように、行動の頻度が増加する手続きを**強化**という。また、ほめられたり、ペットの世話をしなくてすんだりといった、行動の頻度を増加する環境変化を**強化子**という。第 1 章で報酬と呼んだものは、強化子のことである。動物実験の場合、通常、エサを強化子として使う。しかし、ヒトの場合、何が強化子になるかは、個人や個人の状況によって違う。

　行動は望ましい変化ばかりをもたらすわけではない。望ましくない結果になる場合もある。その場合、その行動の頻度は低下する。あるいは、そのような行動をしなくなる（**消去**という）。勉強時間中に遊んでいて、しかられたとする。すると、勉強時間中には遊ばなくなる。この時の行動が「遊ぶ」

ことであり、環境変化が「しかられた」ことである。また、望ましい結果を取り除く場合もまた、その行動の頻度は低下する（あるいは、行動をしなくなる）。勉強時間中に遊んでいて、スマートフォンを取りあげられたとする。すると、勉強時間中には遊ばなくなる。この場合の環境変化は、「スマートフォンを取りあげられた」ことである。このように、行動の頻度が低下する操作を**罰**という。また、しかられたり、スマートフォンを取りあげられたりといった、行動の頻度を低下させる（あるいは、行動を起こさせないようにする）環境変化を**罰子**という。動物実験の場合、通常、電気ショックや薬物が罰子として使われる。しかし、ヒトの場合、何が罰子になるかは、個人や個人の状況によって違う。

（4）オペラント条件づけの性質

オペラントとは、行動が自発することを意味し、オペラント条件づけでは、生体はいつでも自由に反応できる。このような状況をフリーオペラントという。たとえば、上記のスキナーの実験では、ラットはラット自身の都合によって、いつでもレバーを押すことができる。しかし、パブロフの実験では（古典的条件づけ）、あくまで、刺激（メトロノームの音）が必要であり、唾液を出す反応は、刺激によって、イヌの意志とは関係なく生じる。

オペラント条件づけでは、3つの変数間の関係を重視している。3つの変数とは、弁別刺激、オペラント反応、強化子である。この3つの変数間の関係を**三項随伴性**という。たとえば、ある先生が大教室で講義をしていて、学生がスマートフォンで手遊びをしたとする。この学生は、スマートフォンで手遊びをして、楽しい気分を味わうことができた（先生にも注意されない）。それゆえ、再び、この先生の講義で、スマートフォンで手遊びをするようになった。この学生の行動を分析してみる。「ある先生」あるいは「大教室」が弁別刺激、「手遊び」がオペラント反応、「スマートフォン」が強化子である。**弁別刺激**とは、オペラント反応に先行する刺激のことである。この学生は、厳しく叱責する先生の講義では手遊びをしないであろう。あるいは、数

人しか受講者のいない演習でも手遊びをしないであろう。この学生にとって、「大教室」「何もいわない教師」が弁別刺激となった。古典的条件づけでは、刺激と反応（あるいは条件刺激と無条件刺激）との関係を学習する。しかし、オペラント条件づけでは、弁別刺激、オペラント反応、強化子の3つの変数間の関係（随伴性）を学習する。

4　罰による学習

（1）逃避学習と回避学習

　典型的な逃避実験と回避実験として、シャトル・ボックスの実験を紹介する。シャトル・ボックスには、左右2つの部屋があり、中央には仕切りがある（図4-4参照）。床には金属製のグリッドが並んでいて、電気ショックが流れるよう細工している。イヌが仕切りを跳びこえ、隣の部屋に移動すると、電気ショックを避けることができる。実験を始めると、最初の数回、イヌは電気ショックを受けるが、すぐに隣の部屋に移動し、電気ショックを逃避するようになる。このような学習を**逃避学習**という。次は、同じシャトル・ボックスの装置を使って、ランプに光（弁別刺激）がついた数秒後に、電気ショックを流すようにする。すると、ランプに光がつくと、イヌは隣の部屋に移動し、電気ショックを受けることなく、回避できるようになる。このよ

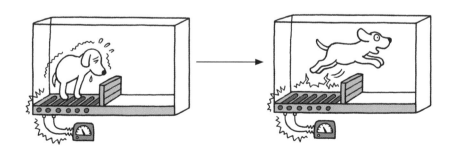

図 4-4　逃避・回避学習

うな学習を**回避学習**という。逃避学習も回避学習も、ある行動（隣の部屋に移動する）をすると、不快な刺激（電気ショック）を、取り除くという負の強化である。

(2) 罰の効果

　アズリンとホルツらの研究によって、罰の効果について、多くのことがわかっている。第一に、罰が効果を持つためには、標的行動（この場合、不適切な行動）の直後に罰子を与えることである。つまり、不適切な行動の直後に、罰する。第二に、罰子はすぐに順化（慣れ）が起こり、その罰子の強度が低下する。つまり、罰は徐々に強めても効果はない。いい換えれば、怒るのであれば、最初から強く怒らないと効果がない。ある実験では、ハトがキーをつつくと、最初はとても弱い電気ショックを流し、徐々に強い電気ショックを流すようにした。キーをつつくとエサが出るので、ハトは弱い電気ショックを与えてもキーをつついた。しかし、実験が進み、強い電気ショックを受けるようになっても、ハトはキーをつつき続けた。一方、最初から、強い電気ショックを流していた場合、ハトはキーをつつかなかった。第三に、すべての標的行動に対して、罰子を与えることが効果的である。つまり、ある時はしかり、ある時はしからないという方法は効果的ではない。不適切な行動に対して、いつもしかることが重要である。第四に、動機づけが強い行動に対しては、罰子の効果は低い。キーをつつくとエサが出ることを学習したハトを例にあげる。ハトが少し空腹な時、キーをつつくと電気ショックを与える。すると、ハトはキーをつつかなくなる。しかし、ハトがとても空腹な場合には、電気ショックを与えても、ハトはキーをつつき続ける。やりたくてしかたがない行動に対して罰子を与えても、その行動を止めることはできない。第五に、別の選択肢がある場合には、罰は効果的である。甘い物を食べる行為を標的行動とすると、甘い食べ物すべてを禁止するより、特に甘い食べ物だけを禁止する方が効果的である。さほど甘くない食べ物を食べるという別の選択肢が、残されているからである。

(3) 罰の副作用

　罰の効果について学んだ読者は、子どもが不適切な行動をした時に、罰子を与えれば、子どもがその不適切な行動をしなくなると考えるかもしれない。しかし、実際には、罰はとてもあつかいにくい。第一に、罰は恐怖や怒りなどの否定的感情を生む。また、課題に対する成績を悪化させる。ある実験では、大学生に記憶課題をさせ、間違えるたびに罰を与えた。すると、間違いを音で知らせた大学生よりも、課題の成績が悪くなった。第二に、罰は行動全般を抑制する。つまり、ある行動を罰すると、それ以外の行動も起こらなくなる。第三に、罰から逃れるために、別の不適切な行動をするようになる。たとえば、講義中に、スマートフォンで手遊びをしている学生を注意すると、その学生は次の日から他の学生と私語をするようになった。さらに注意すると、たびたび教室からぬけ出すようになった。第四に、罰は攻撃を生む。その攻撃は、罰を与えた人だけでなく、別の人にも向けられる。上記のように、学生に注意をすると、攻撃的な抗議文をメールでよこすだけでなく、学生担当部署の職員に抗議したりするようになった。実際に、プロの動物トレーナーは、罰子を用いることは皆無であり、正の強化子を用いて訓練する。

(4) 罰以外の方法

　罰以外の方法でも、不適切な行動を避けることができる。第一に、反応阻止である。反応阻止は、不適切な行動をする前に、その行動を物理的に実行できないようにする。赤信号で飛び出そうとする子どもを手で止めたり、危険な場所に行こうとする子どもを、抱きかかえて、連れもどしたりすることである。第二に、過剰矯正である。過剰矯正とは、不適切な行動に対して、適切な行動を繰り返しやらせる方法である。たとえば、ある壁に落書きをした子どもに対して、自分が書いた落書きだけでなく、近所中の落書きをすべて消させる方法である。壁の落書きを消す行為は、適切な行動であるため、近所の人から称賛され、さらに別の適切な行動をするような効果もある。第三に、不適切な行動を引き起こしている強化子をなくす方法である。不適切

な行動を続けている理由は、その行動に対して、強化子が与えられているからである。それゆえ、その強化子を失えば、不適切な行動は消去する。授業を妨害する子どもに、教師が注意をしたが、その子どもの授業妨害はなくならなかった。その教師がベテラン教師に相談すると、ベテラン教師は、子どもが授業を妨害しても、無視するよう助言した。助言にしたがって、子どもを無視すると、子どもは授業を妨害しなくなった。つまり、教師の行動は、子どもから強化子を奪ったのである。この子どもにとっての強化子とは、先生にしかられることであった。それは、先生にかまってもらうこと、あるいは、学級の友だちから注目をあびることを意味していた。しかし、先生が子どもを無視したため、子どもは、先生にかまってもらえなくなり（あるいは、注目をあびなくなり）、授業を妨害するのをやめたのである。第四に、別の行動を強化する方法である。上記の子どもの例でいえば、子どもが授業を妨害しても無視する一方で、子どもが適切な行動（ささいなことでも）をした時に、先生がその子どものことを学級で話題にし、ほめることである。第五に、過剰に強化子を与え、飽和させる方法である。いいかたを変えれば、「もういい」というまで、あるいはそれ以上に、不適切な行動をさせることである。毎日働いている自分に対する褒美として、月に1度だけ外食していたとする。気が緩み、外食が1週間に1度、そして毎日になる。すると、外食したいとは思わなくなり、労働意欲も低下する。外食（強化子）の飽和が起こり、外食が強化子として機能しなくなったからである。同様に、不適切な行動を好きなだけ（それ以上に）させ、十分すぎる強化子を受け取ると、不適切な行動をする意欲を失う。

本章に関連のある重要な人名・学術用語

学習性無力感、ガスリー、シェーピング、自発的回復、条件性制止、スペンスの誘因動機づけ、ソーンダイクの効果の法則、脱制止、定位反応、道具的条件づけ、認知地図、プレマックの原理、マウラーの二過程説、迷信行動、レスコーラ、連合学習、ワグナー

　心理学の始まりは、1879年ヴントがライプチッヒ大学に心理学実験室を設置したことだと言われている（ヴントの批判から心理学が始まったという考え方もある）。ヴントは内観（内省）によって意識を研究していた。つまり、ヴントは実験参加者の言語報告によって、人の意識を明らかにしようとした。20世紀に入ると、このような考え方と相反する考え方がアメリカで誕生した。行動主義である。**行動主義**は、ワトソンが1913年に著した論文「行動主義からみた心理学」で世界に広まった。いわゆる、行動主義宣言である。

　ワトソンは、純粋な自然科学としての心理学を目指していた。ワトソンは内観による意識の研究を批判した。そして、心理学の対象は、客観的に観察可能（測定可能）な行動であり、心理学の目的は、行動の予測と制御であると考えた。ここでいう行動とは、感覚刺激に対する筋肉や腺の反応（末梢反応）のことである。ワトソンらの行動主義者は、生得的行動を除くほとんどの行動は、条件づけによる学習によって説明できると考えた。

　ワトソンの行動主義は、パブロフの条件反射の実験に強い影響を受け、学習の最小単位として、刺激（感覚刺激）と反応（末梢反応）との結びつきを仮定した。いわゆる**S-R連合**である（Sは刺激の頭文字、Rは反応の頭文字であり、連合とはSとRとの結びつきのことである）。パブロフの条件反射のような単純な行動だけではなく、S-R連合を組み合わせた学習によって、より複雑で高次の行動も説明できると考えた。しかし、S-R連合の考え方は、生体の主体性や自発性という考え方を排除していた。そこで、客観的に観察可能な方法を用いて生体の主体性や自発性を定義し、それらによって、行動の一般法則（学習の一般法則）を説明しようとした。そのような考え方を**S-O-R**という（Oは生体の頭文字）。また、このような考え方を持つ研究者を新行動主義者という。1930年代から、動因低減説の**ハル**、目的的行動主義の**トールマン**、徹底的行動主義の**スキナー**などの多くの新行動主義者が誕生した。彼らもワトソンと同様に、動物実験を中心とした学習の研究を行った。アメリカでは、1950年代まで古典的条件づけの研究が中心であったが、1960年頃からはスキナーのオペラント条件づけの研究が注目を集めるようになった。今日でも、心理学に対する行動主義や新行動主義の影響は強く、心理学に関連する諸領域の研究分野に影響を及ぼしている。

第5章
学習：生物学的制約と観察学習

　学習の研究が進むと、古典的条件づけやオペラント条件づけでは、十分に説明できない現象が観察され始めた。そのような現象に、味覚嫌悪学習や模倣がある。本章では主に、味覚嫌悪学習を説明するために生物学的制約を、模倣を説明するために観察学習を紹介する。読者には、心理学の中核である「学習」が、動物実験によって支えられていることを理解してほしい。

1　生物学的制約

(1) 生物学的制約

　行動主義者（コラム7参照61頁）は、学習の基本的法則は、種を超えて、普遍的であると考えていた。つまり、動物のどの種でも、学習の法則があてはまると考えていた。しかし、1960年ころから、種によって、学習の法則があてはまらない現象が観察され始めた。つまり、種によっては、条件づけに何らかの制約があることを発見した。このような現象を、学習に対する**生物学的制約**という。

(2) 味覚嫌悪学習

　味覚嫌悪学習は、古典的条件づけにおける生物学的制約の代表例である。ラットに経験したことのない味のするエサを与える。そのあと、吐き気を起こす薬（無条件刺激）を投与する。ラットは、その味覚のエサ（条件刺激）を食べなくなる（条件反応）。実生活で、ある食べ物を食べ、下痢をしたり、

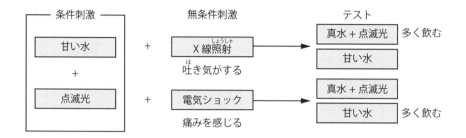

図 5-1　ガルシアらの実験

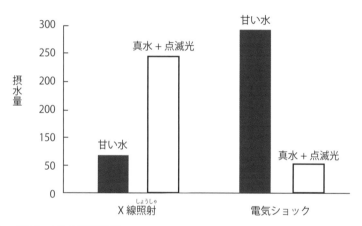

図 5-2　ガルシアらの実験結果

気分が悪くなったりすることがある。その後は、その食べ物を食べたくなくなる。その食べ物が、好物であった場合でも、その食べ物を食べようとしただけでも、吐き気がするようになる。このように、ある味覚の飲み物や食べ物を避ける学習を、**味覚嫌悪学習**という。

　ガルシアとケーリングは、少し複雑な味覚嫌悪学習の実験をした（図5-1）。ガルシアらは、ラットに甘い水を飲ませると同時に、点滅した光を与えた（ラットは甘い水を好んで飲む）。また、ラットが甘い水を飲んでいる最中に、あるラットには、X線を照射した（X線を照射すると吐き気がする）。同時に、点滅光も与えた。別のラットには、電気ショックを与えた（電気ショックを

受けると、吐き気はしないが痛みを感じる）。同時に点滅光も与えた。この手続きを数回行った。そののち、両方のラットに、2本の摂水管のどちらを選ぶかテストをした。一方の摂水管には真水が入っていて、摂水管から真水を飲むと、光が点滅した。もう一方の摂水管には甘い水が入っていたが、甘い水を飲んでも、光は点滅しなかった。すると、図5-2のような結果になった。X線照射を受けたラットは、甘い水より真水（光点滅あり）を好んで飲んだ。しかし、電気ショックを受けたラットは、真水（光点滅あり）より甘い水を好んで飲んだ。また、X線の代わりに塩化リチウムという薬物（吐き気が生じる）を与えた実験や、光の点滅の代わりに音を使った実験でも、同じような結果になった。

　ガルシアらの実験では、X線を照射したラットは、甘い水に対して、味覚嫌悪学習を形成した。しかし、電気ショックを与えたラットは、甘い水に対して、味覚嫌悪学習を形成しなかった。この結果は、ラットの場合、味覚は、身体変化をともなうX線や薬物などと、関連づけられやすいことを意味している。つまり、種によって、条件刺激と無条件刺激との間に、条件づけが生じやすい（あるいは、条件づけが生じにくい）組み合わせがある。この現象は、古典的条件づけの刺激等価性に反している。刺激等価性とは、すべての刺激は、条件刺激となる可能性において、同じ価値があるという考え方である。

　さらに、ラットが甘い水を飲んだ12時間後に、吐き気を起こす薬物をラットに投与しても、甘い水に対する嫌悪学習は成立した。この現象は、古典的条件づけの接近の法則に反している。**接近の法則**とは、条件刺激が無条件刺激と、時間的に近いほど条件づけやすく、時間が離れてしまうと、条件づけが生じないという考え方である。また、味覚嫌悪学習は、吐き気を起こす経験を一度経験しただけでも成立する。通常の古典的条件づけでは、条件刺激（メトロノームの音）と無条件刺激（肉片）を、繰り返し与えなければならない。この点でも、通常の古典的条件づけとは異なっている。

　自然界では、ネズミは何でも口に入れる雑食性である。そのため、ネズミ

は、食べることができるかどうかに敏感であり、その判断を味覚に頼っている。毒を口にして、動けなくなることは、ネズミにとって生死を分ける。動けない間に、食べられてしまうかもしれない。つまり、ネズミは一度毒を口にしたら、二度と同じ食べ物を食べない行動を身につける必要がある。それゆえ、ネズミの実験では、一度で味覚嫌悪学習が成立した。加えて、X線照射や薬物では、毒を口にした時と同じような身体反応が生じるが、電気ショックの痛みは不快だが、毒を口にした時の不快さとは異なる。それゆえ、電気ショックではなく、X線照射や薬物に対して、味覚嫌悪学習が生じた。

(3) ネズミと鳥の嫌悪学習

　夜行性で視力の弱いネズミと、昼行性で視力が発達した鳥類では、条件づけやすい刺激が違う。Science誌に発表された実験では、ラットとウズラに、青色の酸味のある水（条件刺激）を与えたあと、吐き気を起こす薬物（無条件刺激）を与えた。そのあと、ラットとウズラに、青色の真水と無色の酸味水を与えた。ラットは、酸味水より、青い真水をより多く飲んだ。一方、ウズラは、青い水より、無色の酸味水をより多く飲んだ。この実験の結果は、ウズラは味覚より視力が発達しているので、味覚ではなく、視覚刺激に対して、嫌悪条件づけが成立したことを意味している。一方、ネズミは視力が弱く、味覚に依存しているので、味覚による嫌悪条件づけが成立した。

(4) 学習の準備性

　セリグマンは、種によって、条件刺激（メトロノームの音）と無条件刺激（肉片）との結びつきやすさ（連合）は、生まれながらに準備されていると考えた。つまり、ある種では、ある条件刺激とある無条件刺激との関係を容易に学習できるが（高度に準備された学習）、別の種では、その間の関係を学習するのは難しい。そのような結びつきの学習のしやすさは、生まれながらに決まっている。このような考えを**学習の準備性**という。この学習の準備性は、古典的条件づけにおける生物学的制約の一種である。ヒトの場合、条件刺激

とヘビやクモ（無条件刺激）との結びつきに対して、準備性がある（無条件刺激は恐怖反応）。たとえば、トイレでクモを見ると、トイレ（条件刺激）に恐怖を抱く。ヒトの場合には、そのような学習が容易に起こる。

(5) 本能的漂流

スキナーの弟子の中には、オペラント条件づけを用いて動物を訓練し、見世物などによって、生活していた研究者もいた。その研究者の中にブレラント夫妻がいた。ブレラント夫妻は、オペラント条件づけに失敗したいくつかの例を発表した。以下はアライグマのコイン芸の例である。ブレラント夫妻は、アライグマに、コインを容器に入れる芸を訓練していた。アライグマにコインを1枚わたすと、アライグマはこの芸を簡単に覚えた。しかし、コインを2枚わたすと、アライグマは、コインをこすり合わせ、容器にコインを入れるまでに、時間がかかるようになった。しかも、条件づけを繰り返すほどひどくなり、やがてアライグマは、コインを手放さなくなった。ブレラント夫妻は、ブタがコインを貯金箱に入れる芸でも、同様の行動を観察した。

アライグマのコイン芸のように、オペラント条件づけは、ある程度までは、標的行動（コインを容器に入れる）の頻度を増やすが、ある段階を超えると、種に特有の行動が出現し（コインをこすり合わせる）、標的行動の条件づけに失敗してしまう場合がある。ブレラント夫妻は、このような現象を**本能的漂流**と名づけた。本能的漂流は、オペラント条件づけの生物学的制約の代表例である。

2　模倣と観察学習

模倣とは、モデルの行動をまね、同じような行動を獲得する学習のひとつである。模倣はヒトだけでなく、多くの動物で観察できる。古くは、模倣は本能行動だと考えられていた。しかし現在では、模倣は、オペラント条件づけのひとつであるという考え方と、観察学習によって獲得されるという考え

方がある。

(1) オペラント条件づけによる模倣

　ミラーと**ダラード**は、模倣は、「モデルの行動が弁別刺激となり、観察者がモデルの行動をまね、環境から強化されることによって獲得したオペラント条件づけである」と考えた。以下に、ミラーとダラードの迷路学習実験を紹介する。実験では、まずリーダーとなるネズミに、迷路の目的地に着くことを学習させた。次に、他のネズミを迷路に入れ、リーダーが選択した道を選んだ時に、エサを与えた。たとえば、リーダーのネズミが右に行けば（弁別刺激）、右に行く（オペラント反応）とエサ（強化子）がもらえた。すると、そのネズミは、リーダーのあとをついて行くようになった。つまり、そのネズミは、模倣を学習したのである。ヒトの実験では、モデルが2つの箱の一方を開け、強化子を得る様子を実験参加者に観察させた。そして、参加者がモデルの選択した箱と同じ箱を選べば、参加者に強化子を与えた。すると参加者は、モデルが選択した箱を選ぶようになった。

(2) 観察学習による模倣

　観察学習は、**バンデューラ**が体系化した**社会的学習理論**に基づく学習であり、他者の行動を観察することによって生じる（社会的学習理論は、のちに社会的認知理論と呼ばれた）。これまでの学習理論では、行動は環境によって決定すると考えていた。しかし、社会的学習理論では、行動は、行動環境を含めた環境と認知の相互作用によって決定する。また、他者の行動も環境の一部としてとらえ、行動環境は他者の行動の観察を意味している。

　観察学習は、オペラント条件づけが基盤にある。しかし、オペラント条件づけのように、学習が成立するために、観察者が直接強化される必要はない。バンデューラの代表的実験では、大人のモデルが人形を攻撃する様子を子どもに見せた。ある子どもには、モデルの行動が称賛（しょうさん）される様子を見せた（モデル称賛）。別の子どもには、モデルの行動を批判する様子を見せた（モデル

批判)。その後、子どもを自由に遊ばせると、モデル批判を見た子どもより、モデル称賛を見た子どもの方が、模倣(モデルの攻撃行動)の頻度が高かった(第11章「観察学習」参照142頁)。この実験では、モデルの行動を強化したが、子どもの行動は直接強化されていない。このような手続きを**代理強化**という。さらにいえば、観察学習は、モデルの行動を観察するだけでも成立する。そのような学習を説明するため、バンデューラは、代理強化に加え、自己強化と認知の重要性を強調した。**自己強化**とは、自分に強化子や罰子を与えることである。つまり、観察学習では、自己強化によって、モデルの行動を観察するだけで、モデルの行動を模倣するようになる。それゆえ、観察学習によって、新しい行動を学習できる。

バンデューラの観察学習は、「注意」「記憶保持」「行動産出」「動機づけ」の4つの過程からなる。「注意」は、観察者がモデルの行動に注意を向け、モデルの行動を観察する過程である。「記憶保持」は、観察した行動を、観察者の行動レパートリーに加える過程である。モデルの行動をリハーサルしたりする。「行動産出」は、記憶した行動を、実際に実行する過程である。「動機づけ」は、代理強化、直接強化、自己強化などによって、観察した行動の遂行を動機づける過程である。

さらに、バンデューラは、行動を決定する重要な先行要因として、予期機能を重視した。予期機能には結果予期と効力予期がある。結果予期とは、ある行動がどのような結果を生むのかに関する予期である。効力予期とは、ある行動をどの程度適切に実行できるかに関する予期である。この効力予期に対する認知を**自己効力感**という。わかりやすくいえば、自己効力感は、主観的な達成可能性や実現可能性のようなものである。自己効力感は、行動療法(第12章「行動療法と応用行動分析」参照154頁)に大きな影響を与えた。

3 洞察学習

ゲシュタルト心理学者である**ケーラー**は、チンパンジーを使った実験をし

た（ゲシュタルト心理学
は、心理学の考え方のひ
とつで、心理的現象を全
体としての動的形態（けいたい）とし
てとらえて、個々の要素
の集まりではないと考え
る）。ケーラーは、天井
からバナナをつりさげた
檻（おり）の中に、チンパンジー
を入れた（図5-3参照）。
チンパンジーが、立ちあ
がってもバナナを取るこ
とはできない。檻の中に
はいくつかの台があった。

図5-3　ケーラーの実験

チンパンジーは、試行錯誤を繰り返したのち、試行錯誤をやめ、しばらく動かなくなった。そして、何かにひらめいたように、台を積み重ね、その台に登って、天井からつるしたバナナを取ることに成功した。

　このチンパンジーの行動は、試行錯誤の結果、実験箱から出ることができたネコ（ソーンダイクの実験）とは、明らかに異なる。チンパンジーは、目の前のさまざまな道具の関係を理解し、問題を解決する方法を思いついていた。このような学習を**洞察学習**という。チンパンジーのサルタンは、洞察によって、上記のような複数の問題を解決できた。

4　動物実験

　「学習」の章では、動物を使った実験例を紹介した。「動物実験では、人の「こころ」を理解できない」と思う読者がいるかもしれない。その裏には、「動物には「こころ」など存在せず、人は特別な存在だ」という思い込みが

ある。残念なことであるが、大学で心理学の講義をしている者の中にも、そのような考えの者がいる。医学、生命科学、薬学などの自然科学では、ヒトとヒト以外の動物との間に、ある種の等価性を仮定している。そのような自然科学の考えに異論をとなえる人はいない。しかし、心理学でヒト以外の動物を対象に研究を行うと、上記のような疑問を持つ人が出てくる。ヒトとヒト以外の動物には違いも多いが、多くの研究が、共通した行動の仕組みを観察している。特に、「学習」で紹介した多くの現象は、ヒトでも確認できる。

　ヒトの研究では統制できない要因が多く、原因と結果との関係を明らかにすることは、容易ではない（第9章「実験法」114頁および最終章の「補講」参照）。しかし、動物実験では、ヒトでは統制しきれない要因を、統制できる場合がある。加えて、倫理的にヒトではできない実験を、ヒト以外の動物で行うことができる場合もある。科学全体への影響を考えると、ヒトを対象とした心理学の発見より、動物実験で得た心理学の発見の方が、より大きな貢献をしている。そのことは、動物を使った研究をしている医学、生命科学、薬学などの自然科学者の多くが認めるところである。

本章に関連のある重要な人名・学術用語

自動反応形成、種に固有の防衛反応、問題解決学習

第6章

記憶

　なぜ、記憶が「こころ」と関係しているのか、疑問を持つ読者がいるかもしれない。この章では、人の記憶は、コンピュータのように、正確に記録され、保存されていないことを紹介する。なぜ、そのようなことが起こるのか、その仕組みについて説明する。また、人の記憶がコンピュータと同じではないことを通じて、読者には、「記憶」が心理学のひとつの分野であることを理解してほしい。

1　記憶のプロセス

　記憶は、3つの段階からなる情報処理機能である。その3つの段階とは、符号化、貯蔵、検索である。**符号化**は、入ってきた情報を、処理できる情報記号に変換して、記憶（貯蔵）するまでの過程である。たとえば、目から入ってくる情報は映像であり、耳から入ってくる情報は音である。その音や映像を、記憶として保存できるように変換（符号化）する。簡単にいえば、符号化は覚える過程である。**貯蔵**は、記憶として保存する過程である。簡単にいえば、貯蔵は覚えておく過程である。**検索**は、貯蔵した情報を引き出す過程である。単純にいえば、検索は思い出す作業である。

　上記のどの段階であっても、情報を正確に処理しているわけではない。たとえば、符号化の段階では、楽しい気持ちの時に覚えた情報は、楽しい情報として符号化される。楽しい気分の時に出会った人物の印象は良くなり、悲しい気分の時には評価は悪くなる。入ってきた情報や経験した出来事は、そ

のままの状態で、正確に符号化するのではなく、歪<small>ゆが</small>められた形で符号化する。貯蔵の段階では、貯蔵した情報自体が変わってしまうことがある。検索の段階では、思い出す時の状況や感情によって、思い出す情報が変わることがある。また、思い出す時には、記憶を再構成するため、貯蔵している記憶と同じ情報を思い出すことにはならない。

2　記憶貯蔵庫

　入力した情報は、貯蔵時間の異なる感覚貯蔵庫、短期記憶貯蔵庫、長期記憶貯蔵庫の3つの貯蔵庫に保存される。この理論は、**アトキンソン**とシフリンが提唱し、**二重貯蔵モデル**と呼ばれている。

(1) 感覚貯蔵庫
　感覚器官から入ってきたすべての情報は（目で見たり、耳で聞いたりした情報）、感覚貯蔵庫に送られる。感覚貯蔵庫に送られた記憶を**感覚記憶**という。感覚貯蔵庫は一時的な保存場所であり、視覚情報の場合は数百ミリ秒、聴覚情報の場合は数秒程度でなくなってしまう。そして、感覚記憶のうち、注意を向けたわずかな情報だけが、短期記憶貯蔵庫に送られる。

(2) 短期記憶貯蔵庫
　短期記憶貯蔵庫に送られた情報は、**作業記憶**（ワーキングメモリ）という。作業記憶は、かつて短期記憶と呼ばれており、単なる情報の貯蔵機能として考えられていた。しかし、**バドリー**とヒッチによって、短期記憶は単なる情報の貯蔵機能だけでなく、情報の処理機能をかねたシステムであることが明らかになった。たとえば、作業記憶の処理機能として、文章の内容を理解したり、問題を解決したりするような機能がある。そのため、短期記憶は、作業記憶と呼ばれるようになった。
　短期記憶貯蔵庫に保存できる容量には制限がある。作業記憶の容量は、ミ

コラム8　偽りの記憶

記憶回復療法

　1980年後半から1990年代にかけて、幼い頃に抑圧した記憶をよみがえらせる記憶回復療法が、アメリカで社会問題となった。具体的にいえば、記憶回復療法によって、性的虐待を受けた記憶を思い出した人々が、両親を訴える事件が続発した（主に原告は娘、被告は父親）。たとえば、警察官イングラムの娘エリカは、5歳から12際頃まで悪魔崇拝の儀式に参加させられ、性的虐待を受けていたとして、父親のイングラムを訴えた（ポール・イングラム事件）。記憶回復療法では、「こころ」の病の原因は幼い頃の性的虐待にあり、その原因である性的虐待経験を思い出すことが「こころ」の病を癒すことにつながると考えている。記憶をよみがえらせる手段として、イメージ誘導、暗示、催眠、退行、夢解釈、読書療法などがある。バスとデイビスの『生きる勇気と癒す力』、ハーマンの『心的外傷と回復』、フレデリクソンの『抑圧された記憶』などの著書が記憶回復療法を正当化し、この問題に拍車をかけた。

ショッピングモールの迷子実験

　このような現代版の魔女狩りは、ロフタスらの一連の実験によって状況が変化した。彼女の代表的実験に「ショッピングモールの迷子実験」がある。実験参加者（大人）は、5歳の記憶として、偽りの出来事（モールで迷子になった出来事）と、実際に経験した出来事を書いた文章を読まされた。その直後の面接で、参加者の29%が偽りの出来事（迷子になったこと）を思い出した。しかも、文章に書いていなかった詳しい出来事を思い出す参加者もいた（たとえば「助けてくれたおじさんが、フランネルのシャツを着ていた」）。この実験は1993年 American Psychologist 誌で報告された。ハイマンの実験では、面接回数を重ねるにつれ、偽りの出来事を思い出す参加者の割合が高くなった。このような現象が繰り返し報告された。しかし、このような研究が原因となって、多くの心理療法家がロフタスを罵倒し、ロフタスには殺害を予告する脅迫状が送られた。

　しかし、ロフタスの実験などによって、アメリカ精神医学会をはじめ、多くの学会が記憶回復療法の使用禁止勧告や注意喚起などの声明を出すようになると、訴訟の多くは却下された。1990年代後半には、逆に記憶回復療法にかかわったセラピストたちが訴えられるようになった。そして2013年、オプトジェネティクスという手法を用いて、マウスに偽りの記憶を植えつけることに成功したことが、Science 誌で発表された。

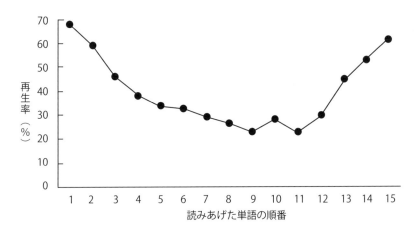

図 6-1　記憶の系列位置効果

ラーによって、**7±2チャンク**であることがわかっている。チャンクは記憶の単位であり、意味のあるひとつのかたまりである。たとえば、JAPANSCIENCEPSYCHOLOGY という文字列があったとする。この文字列を、「JAPAN」「SCIENCE」「PSYCHOLOGY」の 3 つのかたまりとして、とらえることができれば、この文字列は 3 チャンクになる。しかし、そのようなかたまりとして、とらえることができなければ、この文字列は 22 文字であるので、22 チャンクとなる。

　作業記憶には、貯蔵時間に制限がある。その時間はおよそ 15 秒から 30 秒程度であり、ほとんどの情報は 20 秒程度で消失する。作業記憶は、数秒程度で判断をする場合に利用される。しかし、リハーサルをすることによって、作業記憶を失うことを防ぐことができる。**リハーサル**とは、情報に対して繰り返し注意を向けることであり、復唱することである。たとえば、年号や英単語を繰り返し書いて覚える方法である。このようなリハーサルを、維持リハーサルという。さらに情報は、精緻化することによって、長期記憶貯蔵庫に送られる。精緻化リハーサルという。精緻化リハーサルとは、作業記憶に何らかの情報をつけ加えたり、何らかの意味づけをしたりすることである。

たとえば、ある方程式を精緻化リハーサルすることは、その方程式がなぜ成り立つのかとか、その方程式を発見した経緯などの情報とともに、方程式を覚えることを意味する。

　作業記憶が長期記憶貯蔵庫に送られる様子を、よくあらわしている現象に、系列位置効果がある。たとえば、15個の単語を、ひとつずつ、一定の速度で読みあげたあと、その単語をできるだけ多く思い出す。すると、図6-1のように、読みあげた単語の順番によって、再生率（思い出すことができた割合）に違いができる。具体的には、最初に読みあげた単語と、最後に読みあげた単語の再生率が高くなる。このような現象を**系列位置効果**という。最初の方に読みあげた単語は、リハーサルによって、長期記憶貯蔵庫に送られたために、再生率が高い。最後の方に読みあげた単語は、作業記憶として、短期記憶貯蔵庫に貯蔵されている。しかし、それ以外の単語（最初と最後以外の単語）は、長期記憶貯蔵庫にも送られず、短期記憶貯蔵庫にもとどまらず、忘れてしまう。

(3) 長期記憶貯蔵庫

　長期記憶貯蔵庫に送られた情報は、**長期記憶**という。長期記憶貯蔵庫の容量は無限であると考えられているが、本当のところはわからない。長期記憶は、数分から数年間程度、貯蔵できる。われわれは、日常生活で、思い出そうとしても、思い出すことができない経験を、繰り返している。この現象を**忘却**という。そのような経験をしているため、長期記憶は永遠ではなく、消えてなくなってしまうと考える。しかし、長期記憶は永遠になくならないという考え方がある。この考え方では、忘却は起こるが、忘却した記憶は、長期記憶貯蔵庫に存在し続ける。簡単にいえば、覚えた情報は長期記憶貯蔵庫に存在し、忘却が起こる原因は、その記憶を思い出すことができないからだと考える。

　生物学的には、比較的新しい長期記憶は**海馬**で処理し、やがてその記憶は**大脳皮質**に送られる（コラム2参照13頁）。この記憶は、大脳皮質で長期間

（あるいは永久に）保持される。大脳皮質に送られると、海馬にあった記憶はなくなる。海馬の容量をあけておくことによって、新しい情報を記憶できる。このことは、てんかんや健忘症の患者を対象にした研究や、動物実験などによって明らかになっている。高齢になって、新しい情報を覚えにくくなる原因は、海馬の記憶を大脳皮質に送る機能が低下し、海馬の容量がいっぱいになってしまうためである。

(4) エピソード記憶と意味記憶

　タルビングは、記憶している内容によって、長期記憶をエピソード記憶と意味記憶に分類した。**エピソード記憶**は、実際に経験した個人的な出来事の記憶である。たとえば、昨日、大学に行って、屋上の学食で、いのりんが嫌いなトマト盛り合わせ定食を食べたことの記憶である。あとで説明する自伝的記憶は、エピソード記憶の特殊な例である。上記の例のように、エピソード記憶は、特定の時間や状況と結びついている。符号化特定性原理は、エピソード記憶が、特定の時間や状況と結びついていることをよくあらわしている。符号化特定性原理とは、ある情報を覚える時に、その情報を状況と結びつけて覚えると、思い出しやすくなることである。たとえば、ある香りのする部屋で、単語を覚える課題をしたとする。その単語を思い出す時、別の香りの部屋よりも、単語を覚えた部屋と同じ香りの部屋で思い出した方が、より多くの単語を思い出すことができる。また、円周率を何万桁も覚えている人の中には、円周率のそれぞれの数値を、通学路（通勤路）の景色と関係づけて覚えている人がいる。円周率を思い出す時には、通学路の景色を思い浮かべることも、符号化特定化原理の一例である。

　意味記憶とは、単語や記号などの知識に関する記憶である。意味記憶は、エピソード記憶と異なり、特定の時間や状況と結びついていない。コリンズとロフタスによれば、意味記憶は、それぞれの概念（ノード）をネットワークのように結びついた状態で貯蔵している（図6-2参照）。この考え方を、**意味ネットワークモデル**という。記憶する個人にとって、ある概念とある概念

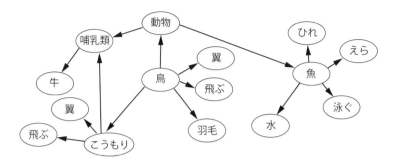

図 6-2　概念間のネットワーク

との間に関係があれば、その間にリンクが形成する。たとえば、図 6-2 では、鳥と動物との間にはリンクがあり、そのリンクは、両者に関係があることを意味している。多くの概念とリンクがつながっていれば、その概念はいろいろな概念と関連しているので、思い出しやすい概念となる。また、その関係が強ければリンクの長さは短く、関係が弱ければリンクの長さは長くなる。

　意味記憶は、覚える情報の種類によって、思い出しやすさが異なる。一般的に、画像情報の方が、言語情報より思い出しやすい。この現象は画像優位効果と呼ばれている。画像の情報は、画像のような具体的刺激だけではなく、言葉のような抽象的刺激としても符号化されている。しかし、言語情報は、抽象的刺激としてのみ符号化される。そのため、言語情報より、画像情報の方が思い出しやすい。

(5) 潜在記憶とプライミング

　潜在記憶とは、意識することなく思い出すことができる記憶である。たとえば、食事をする時、箸の持ち方や使い方などを思い出しながら、食べ物を口に運ぶことはない。会話をする時も同様に、言葉を思い出しながら話をすることはない。このような時の記憶が潜在記憶である。自動的に働く手続き記憶（運動したり、楽器を演奏し、運転をしたりする時の記憶）も、潜在記憶のひとつである。潜在記憶に対して、意識して思い出す記憶を**顕在記憶**という。

エピソード記憶は、顕在記憶の一種である。

　潜在記憶を測定する方法として、プライミングを用いることが多い。**プライミング**とは、先行刺激（プライム刺激）が、そのあとの刺激の処理に影響を与えることである。潜在記憶の実験例をあげて、プライミングについて説明する。第一段階では、何もいわず、実験参加者に複数の単語（10語から30語程度の単語）をひとつひとつ見せる。これらの単語がプライム刺激である。第二段階として、参加者に、部分的に穴の空いた単語を見せる。たとえば、「にほ○こく○んぽう」という単語を見せる。その単語が何であるかを聞き、解答するまでの時間や正解率を測定する。正解は「にほんこくけんぽう」である。第一段階で参加者に見せた単語の中に、「日本国憲法」という単語があれば、解答するまでの時間が短くなったり、正答率が高くなったりする。このようなプライミングを直接プライミングという。直接解答になる単語でなくても、「法律」「平和主義」「国民」など、解答を連想する単語を見せた場合も、解答までの時間が短くなったり、正答率が高くなったりする。このようなプライミングを間接プライミングという。あるいは、意味プライミングという。

(6) 忘却

　忘却にはいくつかの原因があるが、ここでは、減退説、干渉説、検索の手がかり説について紹介する。減退説では、忘却を「何もすることなく放置すると、時間がたつにつれ、思い出すことができなくなる現象」として説明している。**エビングハウス**は、時間とともに、記憶した情報を思い出すことができなくなる様子を実験によって明らかにした。たとえば、意味を持たない単語（無意味つづり）を覚えた20分後には、その単語の40%を忘れてしまう。1時間後には55%を忘却し、翌日には65%を忘却する。このような忘却の様子を、エビングハウスの忘却曲線という。エビングハウスの研究は、行動主義（コラム7参照61頁）に基づく学習の研究に、大きな影響を与えた。

　干渉説は、「貯蔵している複数の記憶同士が、互いに影響し合い、その結

果、思い出すことができなくなる」という考え方である。たとえば、ある実験参加者が、複数の単語を覚えたのち、短い文章を覚える課題をする。しかし、別の参加者は、短い文章を覚える課題をしなかったとする。その後、単語を思い出すテストをする。すると、文章を覚える課題をした参加者は、その課題をしなかった参加者より、思い出した単語の数が少なくなる。あとで覚えた文章の記憶が、先に覚えた単語を思い出すことを妨害した（記憶が干渉した）ために、そのような現象（忘却）が起こる。

　ある情報を覚える時に、その情報に特有の手がかりをつけて符号化し、その情報を思い出す時には、符号化した時の手がかりを利用する。それゆえ、記憶した情報を思い出す（検索）時に、手がかりがあることは、その情報を思い出すために役にたつ。このように、検索の手がかり説では、忘却は、検索する時に、適切な手がかりがなかったために生じると考える。つまり、検索に失敗したため、忘却が起こる。検索の手がかり説によって、忘却を説明した実験がある。まず、実験参加者に、動物の単語（イヌやネコなど）、果物の単語（りんごやみかんなど）、家具の単語（椅子やテーブルなど）などを覚えさせた。これらの単語を思い出す時、ある参加者には、「動物」「果物」「家具」など、覚えた単語と関係のある手がかりを与えた。しかし、別の参加者には、手がかりを与えなかった。すると、手がかりを得た参加者の方が、手がかりのなかった参加者より、思い出した単語の数が多かった。その後、手がかりを与えられなかった参加者に、同じ手がかりを与えると、最初から手がかりを得ていた参加者と同じ程度、単語を思い出すことができた。さらに、同様の実験では、手がかりが適切であればあるほど、思い出しやすくなった。エピソード記憶で説明した符号化特定性原理もまた、思い出す時の手がかりの重要性を意味している。

(7) 子どもの記憶

　子どもの記憶は、成人の記憶と異なる点が多い。3歳以前に経験した出来事を覚えている人は、ほとんどいない。また、5歳以下の記憶の多くは失わ

れる。この現象を**幼児性健忘**という。特に幼年期の子どもは、暗示的情報に
よって、実際に経験していない出来事を記憶する傾向がある。たとえば、経
験したことのない嘘（うそ）の出来事であっても、嘘の出来事を経験したかどうか、
繰り返し子どもに質問すると、やがて、その子どもは、その出来事を経験し
たことがあると話し出す。つまり、子どもに繰り返し同じ話をすると、子ど
もは自分自身が、その話を経験をしたかのように記憶してしまう。前世の記
憶（生まれかわり）について語る子どもがいるが、その記憶は、暗示的情報
によって作られた記憶と考えることができる。

3　日常生活の記憶

　ナイサーは、実験室での記憶実験が、日常生活の記憶とかけ離れていると
批判した。その結果、1980年ころから、日常生活での記憶を理解するため
の研究が数多く行われた。最後に、日常生活場面に近い記憶の研究を紹介す
る。

(1) 目撃証言（もくげき）

　目撃証言が事実と異なることは、よく知られている事実である。オルポー
トの古典的研究では、研究参加者に地下鉄車内の絵を見せた（図6-3参照）。
この絵には、カミソリを持っている白人、その白人と向かい合っている黒人、
その後ろのベンチに座っている乗客が描かれていた。その後、その絵を見た
参加者から話を聞くと、参加者のおよそ50%が、「カミソリを持っていたの
は黒人であった」と回答した。より実生活に近い状況でも、目撃証言に誤り
があることが、明らかになっている。たとえば、大学の教室を利用して、
141名の学生の前で、ひとりの学生（サクラ）が教授を襲う（おそ）、という実験を
した。この事件の7週間後、141名の目撃者に、6枚の写真を見せた。この
写真には、教授を襲った犯人（サクラの学生）と、暴行を受けた教授も写っ
ていた。その結果、正しい犯人の学生を選択した目撃者は、およそ40%し

図 6-3　地下鉄車内の絵

かいなかった。また目撃者のおよそ 25% は、無実の人を犯人だと断定した。さらに、目撃者は、実際に暴行を受けた時間の 2.5 倍もの時間、教授が暴行を受けていたと報告した。

　ロフタスらの研究では、実験参加者に交通事故のフィルムを見せた。そして、交通事故を起こした時の速度を、参加者に聞いた。ただし、参加者によって質問の一部を変えていた。ある参加者には、車が「ぶつかった」という表現を使った。別の参加者には、車が「衝突した」という表現を使った。「ぶつかった」と聞いた参加者は、車は平均して 55km の速度だったと回答した。一方、「衝突した」と聞いた参加者は、平均して 66km の速度だったと回答した。さらに、交通事故が起こった時、車の窓ガラスがどうなっていたかも聞いた。すると、「ぶつかった」と聞いた参加者の 14% が、「割れていた」と回答した。一方、「衝突した」と聞いた参加者では、32% が「割れていた」と回答した。実際には、窓ガラスは割れてはいなかった。この実験は、警察官の質問の仕方によって、目撃者の証言内容が変わることを意味している。このような現象を、誤導情報効果という。

(2) 自伝的記憶と展望記憶

　自伝的記憶は、エピソード記憶の一種で、人生で実際に経験した出来事に関する記憶である。自伝的記憶を思い出すと、その出来事のイメージや感情なども経験する。この点で、自伝的記憶は、エピソード記憶とは異なる。多くの自伝的記憶の研究では、自分自身が経験した過去の出来事を思い出す、という単純な方法を用いている。この方法を用いると、大学生では、最近の出来事ほどよく思い出す。しかし、50歳を過ぎると、最近の出来事に加え、10代後半から30代前半の出来事を、より多く思い出す。このように、過去の出来事を思い出す時、10代から30代の出来事を、よく思い出す現象をレミニセンス・バンプという。レミニセンス・バンプは、特に60歳を超えたころから、はっきりと観察できる。

　自伝的記憶の中でも、とても鮮明に、細かな点まで思い出す出来事がある。特に、激しい感情をともなう出来事について、このような現象が起こる。このような記憶を、**フラッシュバルブ記憶**という。たとえば、東日本大震災などの大きな災害や、秋葉原無差別殺傷事件などの衝撃的事件などを経験すると、その時の自分や他者の言動や街の様子などを、貯蔵しやすくなる。読者は、フラッシュバルブ記憶は、特殊な記憶過程によって生まれると考えているかもしれない。しかし、ナイサーは、その出来事を繰り返しリハーサルすることによって、フラッシュバルブ記憶が生まれると考えた（衝撃的事件なので、繰り返し、そのことを考えることがリハーサルになる）。また、読者は、細かい点まで、鮮明に思い出すことができるため、思い出した記憶は正確だと思いがちである。しかし、フラッシュバルブ記憶は、通常の記憶よりも、より多くの点で誤った情報として貯蔵されている。さらに、その記憶を思い出そうとする時には、再構成され、貯蔵されている記憶とは違った情報を思い出す。

　すでに経験した自伝的記憶に対して、将来、実行しようと決意した行為に関する記憶もある。この記憶を**展望記憶**という。たとえば、水瀬いのりのコンサートに行く予定を立てたとする。「Catch the Rainbow!」や「ココロソ

マリ」の曲を聴いたり、コンサート会場までのルートを確認したり、「とし
たいＴシャツ」を購入したり、コンサートに行くための準備をする。この
ような準備をするためには、コンサートへ行くという予定を貯蔵している必
要がある。このように、展望記憶は、これから行う予定に関する情報を思い
出させ、その予定を実行に移すために使用される。

(3) 顔の記憶

　人の顔は、その人の感情や状態によって変化する。また、年齢をかさねる
につれ、顔は変わる。さらに、人の顔は、その人の名前や、性格や行動、そ
の人との関係やエピソードなど、顔だけではなく、別の情報とともに貯蔵し
ている。このような点で、人の顔を記憶することは、他の情報を記憶するこ
とと異なる。顔には、覚えやすい顔と、そうではない顔がある。特徴的な顔
ほど覚えやすい。この現象を示差性効果という。顔の向きや表情によっても、
覚えやすさは異なる。同一人物であっても、斜め45度から見た顔の方が、
正面や横から見た顔より覚えやすい。

本章に関連のある重要な人名・学術用語
顔認識モデル、記憶術、逆行性健忘、健忘症、再生、再認、ジェニファー・トンプソン
の記憶、処理水準説、スパーリング、前向性健忘、相貌失認、体制化、チャンキング、
中央実行系、直観像、メタ記憶

コラム9　アルコールで記憶が増す

　一般的に、「アルコールを飲むと忘れてしまう」と考えている。しかし2008年に、野村と松木がその逆の結果を発表した。野村らは3つの手続きからなる実験を行った。まず、ラットを見知らぬ実験箱に入れ電気ショックを流した後、ケージ（飼育室）に戻した。翌日、電気ショックを与えた実験箱にラットを2分間入れると、ラットはすくんで動かなかった。つまり、ラットは電気ショックが流れると思い、動かなかった。実験箱からラットを取り出した直後に、あるラットにはアルコールを、別のラットには生理的食塩水を注射した。48時間後に再びラットを実験箱に入れると、アルコールを注射したラットは、生理的食塩水を注射したラットより、実験箱ですくんでいる時間が長かった。詳しくいえば、アルコールを注射したラットはすくんでいる時間が15%程度増加し、生理的食塩水を注射したラットでは15%程度低下した。アルコールによる同様の効果は2週間後まで続いた。このことは、アルコールを摂取すると、その直前に経験した事をより記憶していることを意味している。条件を変えたさまざまな実験でも、類似した結果だった。野村らは、思い出そうとした記憶は別の記憶によって干渉されるが、アルコールがその干渉を防いだと説明している。つまり、この実験では、実験箱から出して「直ちに」アルコールを注射したため、アルコールを注射した後の記憶を忘却し、干渉を防ぐことができた。そのため、アルコール注射直前の経験をよく記憶していた。

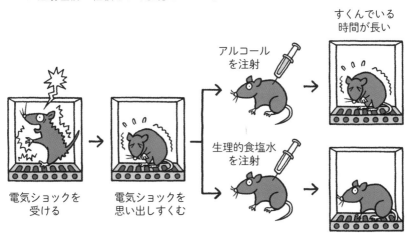

すくんでいる
時間が長い

アルコール
を注射

生理的食塩水
を注射

電気ショックを
受ける

電気ショックを
思い出しすくむ

第7章
個人差

　本章では、遺伝、精神分析、人間性心理学、学習理論など、さまざまな視点から、個人差のとらえ方を紹介する。最後に、個人差のひとつである知能について説明する。本章を通じて、読者が遺伝に関する正しい知識を獲得することを期待する。

1　性格のとらえ方

　性格と人格は似ているが、少し違う。人格（パーソナリティ）とは、行動に影響を与えるあらゆる個人の特徴である。つまり、性格や知能も人格の一部である。

(1) 類型論

　性格のとらえ方には、類型論と特性論がある。どちらが正しいというわけではなく、性格に対するアプローチが異なるだけである。**類型論**では、血液型迷信や星座占いのように、性格をいくつかのタイプに分け、それぞれのタイプの特徴を記述する。代表的な類型論に、クレッチマーの類型論がある。クレッチマーの類型論では、体型によって、性格を細長型、肥満型、闘士型の３つに分類している。細長型（やせている体型）は分裂気質と呼ぶ性格（精神分裂病的性格）であり、非社交的、内気、神経質などの特徴を持つ。肥満型は循環気質と呼ぶ性格（躁うつ病的性格）であり、社交的、陽気、活動的、開放的などの特徴を持つ。闘士型（筋肉質の体格）は粘着気質と呼ぶ性

格（てんかん的性格）であり、頑固、粘り強い、几帳面、権威主義などの特徴を持つ。

(2) 特性論

　特性論では、個人全体の性格は、複数の**特性**（内向性や神経質傾向など）の多少によって構成されていると考える。そして、それらの特性の量的な違いによって、個人差を記述する。たとえば、「ある人物の性格は、内向性が〇〇程度あり、神経質傾向が〇〇程度である」というように、個人を特徴づける。どのような特性に注目するかは、研究者によって違うため、数多くの特性が存在する。たとえば、楽観性、自尊心、刺激希求性（リスクを求める）、シャイネス（内気）、完全主義などがある。多くの性格研究が、特性論の立場から性格をとらえている。

　特性論では、研究を始めたころから、性格の基本特性をみつけようとしてきた。基本特性とは、多くの人が共通して持っている特性のことである。初期の研究では、辞書に書いている性格関連語をぬき出し、それらを分類した。その後、因子分析という統計手法によって、性格関連語を分類するようになった。因子分析は、研究参加者が評定した性格関連語のデータを用いて、似ている性格関連語どうしを大まかにまとめることができる。まとまった性格関連語には、それぞれに何らかの共通点があり、このまとまりを基本特性と考える。それらのまとまりに含むことができない性格関連語もある。それらを、個別特性、あるいは独自特性という。性格の基本特性として、アイゼンクの特性やビッグ・ファイブなどがある。

　アイゼンクは、類似した習慣的反応の集まりを特性と考えた。習慣的反応とは、状況が異なっても、繰り返し起こる行動傾向のことである。たとえば、普段の会話でも、真剣な話し合いをしている時でも、悲しいことが起こった時でも、ニコニコしている人がいるとする。その人は、ニコニコした習慣的反応を持つことになる。その人が、ニコニコした習慣的反応と似たような習慣的反応を数多く持つならば、それが特性となる。たとえば、ニコニコした

表7-1　ビッグ・ファイブの性格特徴

特性	特徴
神経症傾向	不安、敵意、抑うつ、自意識の高さ、衝動性、傷つきやすさ
外向性	社交的、支配的、活動性、刺激希求性、エネルギッシュ
開放性	空想、審美性、豊かな精神性、知的好奇心、判断の独自性
調和性	利他性、誠実、実直さ、他者の意見にしたがう、謙虚、優しさ
誠実性	良心にしたがう、達成追求、意志の強さ、几帳面、慎重、潔癖

習慣的反応の他に、元気という習慣的反応や、活動的という習慣的反応など
を持っているならば、その人は、ニコニコ、元気、活動的という習慣的反応
を持つ陽気という特性を持つかもしれない。アイゼンクは、似たような特性
の集まりである３つの類型を発見した。外向性－内向性、神経症傾向、精神
病質傾向である。さらに、アイゼンクは、これらの特性の集まりは、脳の活
動と関連していると考えた。たとえば、外向性は大脳皮質の興奮のしやすさ、
内向性は大脳皮質の制止のしやすさと関係している。神経症傾向は、ストレ
スを経験した時、交感神経系の興奮のしやすさと関係している。

　ビッグ・ファイブ（表7-1参照）は、５つの基本特性のことである。ビッ
グ・ファイブは、性格関連語に対する評定データを用いて、因子分析をした
結果、さまざまな文化や言語で、共通して発見された。研究者によって、５
つの特性の呼び方は異なるが、それぞれの特性は、以下のような性格特徴を
持っている。**神経症傾向**の高い人は、恐怖、不安、怒り、抑うつなどの否定
的感情を経験しやすく、ストレッサーに敏感である。逆に、神経症傾向の低
い人は、精神的に安定し、普段は落ち着いている。**外向性**の高い人は、社交
的、活動的である。また、興奮する刺激を求める傾向も高く、上昇志向で、
楽観的である。**開放性**の高い人は、想像的でも創造的でもあり、審美眼的な
感覚を持ち（芸術を好む）、感受性が高く、多様性を好む。内的・外的世界
にとらわれず、好奇心を持つ。肯定・否定にかかわらず、多くの感情を経験
する（豊かな精神性）。開放性の低い人は、保守的で、控えめ、新しいことよ

り、馴染みのあることを好む。**調和性**の高い人は、利他的で、他者を助けることに熱心である。調和性の低い人は、批判的、懐疑的であり、競争心が強い。**誠実性**の高い人は、意志が強く、目的意識が高い。それは仕事を最後までやり通すことに加えて、気難しさや潔癖さとも関係している。それゆえ、時間を守り、モラルや秩序を重視する。

　基本となる性格は5つであるというビッグ・ファイブは、最も「確からしい」考え方である。しかし、2018年、ビッグ・ファイブの組み合わせによって、4つの性格に分けることができることが、Nature Human Behaviour 誌で発表された。Nature Human Behaviour 誌の研究のように、ビッグ・ファイブと異なる性格のとらえ方は、その後も継続的に出現している。

2　遺伝による個人差

　両親の身長が高いと、子どもの身長（表現型）も高くなる。同じように、性格や行動（表現型）も遺伝子の影響を受ける。遺伝子は、性格や行動の個人差を生み、子どもに受けつがれる。しかし、身長や体重と同じように、性格や行動そのものは、直接遺伝子に影響しないし、遺伝しない（遺伝子と表現型は違う）。つまり、どのような行動をしようとも、その行動が子どもに遺伝することはない。また、遺伝子は、必ずしも誕生した瞬間から発現するわけではない。発現とは、遺伝情報が具体的にあらわれることである。別のいい方をすれば、スイッチがON になることである。個体の経験や環境の刺激によって、遺伝子のスイッチがON になる遺伝子もある。逆に、スイッチがOFF になる遺伝子もある。すなわち、遺伝子が性格や行動に与える影響は、生涯一定ではない。個体の経験や環境によって、遺伝子がON になったり、OFF になったりするからだ。この現象を、**エピジェネティクス**という。エピジェネティクスは、遺伝の影響は個人によって違うだけではなく、個人内でも変化することを示している。

「血液型によって性格や人間関係が決まる」という迷信に、科学的根拠はない（誤った非科学的根拠は無数にある）。しかし、「血液型と性格との関係を調べる」と言い学生を集め、血液型を書かせ性格検査をすると、血液型と性格との間に何らかの関係がみつかるだろう。その原因に「バーナム効果」「統計の誤用と誤解」がある。

バーナム効果

　フォアは性格検査を実施し、個々の検査結果を参加者に伝えた。参加者はその結果が当たっている程度を評定した（0 から 5 点の範囲で、得点が高いほど当たっている）。その評定は平均 4.26 点だった。しかし、参加者に伝えた検査結果は、性格検査とは全く関係のない適当な文章だった（たとえば、「あなたは好かれたいと思っているが、自己中心的な側面もある」）。部分的であっても、誰にでもあてはまる曖昧（あいまい）なことを伝え、当たっていると思わせる占いの手口と同じである。このような現象をバーナム効果という。血液型迷信もバーナム効果によって説明できる。

統計の誤用と誤解（第 9 章「統計的検定」参照 124 頁）

　ABO 式表現型は 4 つあり、性格の基本特性は 5 つある（ビック・ファイブ）。4 つの血液型と 5 つの性格の組合せは 20 通りである。推測統計では 5% を基準とした統計的検定を用いるが、血液型迷信者はその方法を誤用している（5% の基準とは、「2 変数間に関係がないにもかかわらず、関係があると誤って判断する確率」が 5% 未満であることを意味する）。つまり、血液型迷信者は、20 通りの組合せの内、ひとつでも有意な相関が 5% の基準でみつかれば、血液型は性格と関係があると考えている。このような方法を使うと、「関係がないにもかかわらず、関係があると判断した確率」は、5% ではなく 64.15% になる（性格をひとつに限定しても、その確率は 18.6%）。調べる性格の数を増やせば、その確率はさらに上がる。つまり、「血液型と性格とに関係がある」という誤った科学的証拠を、容易に作り出すことができる。さらに、仮に血液型と性格との間に相関があったとしても、その関係の強さは「意味を持たない程度」である（日常生活では血液型の違いを認識できない程度）。

　血液型迷信は遊びでは済（す）まない。血液型迷信は偏見や差別につながるからである（第 10 章「ステレオタイプ」参照 131 頁）。そのため、放送倫理・番組向上機構（BPO）は、2004 年には血液型を取り扱う番組に対して、「科学的根拠があるかのように放送することが、血液型に対する固定観念を広げている」と異例（あつか）の注意提言をしている。

(1) 優生学

　遺伝学者である**ゴルトン**は、優れた人物の家系を調査した結果、その家系から、優れた人が多く出ていることを発見した。ゴルトンの家系研究の結果は、能力、性格、適性などの個人差が、遺伝の影響を受けることを意味している。ゴルトンは、遺伝的に優れた人の子孫を残すことが、人類の進歩につながると考え、優生学の祖と呼ばれている。ゴルトンの研究に影響を受けた研究者が、犯罪者や精神病患者などの家系研究を行い、これらも遺伝することを発見した。

(2) 気質

　性格や行動には生得的特徴があり、そのような個人差を気質と呼ぶことがある。たとえば、子どもには生まれつき、その子どもに特有の行動があり、それは発達の早期から長期にわたって維持し、成人になっても保持し続ける。グレイは、このような気質は脳内のシステムと関係していると考えた。具体的にいえば、脳内システムである行動活動性システム（活性化すると、目標を達成するために接近行動が生じる）は衝動性（気質）と、行動抑制システム（活性化すると、脅威に対して、行動の抑制が生じる）は不安（気質）と関連している。

(3) 双生児研究

　双生児法では、一卵性双生児と二卵性双生児を対象に、同じ環境で育てられたか、異なる環境で育てられたかによって、遺伝による影響の個人差を研究する方法である。一卵性双生児の双子は、同一の遺伝子を持つが、二卵性双生児の双子は、遺伝子上、兄弟姉妹と同じである。ミネソタ研究では、一卵性双生児は、二卵性双生児と比較して、同じ環境で養育されたかどうかにかかわらず、知能指数や性格などの類似性が高かった。つまり、知能指数や性格などは、遺伝の影響が大きかった。一般的に、知能、性格、宗教や政治などの信念の順で、一卵性双生児の類似性は高くなる（遺伝の影響が強くな

る）。

　双生児法を用いた研究分野に行動遺伝学がある。**行動遺伝学**は、遺伝が性格や行動（表現型）の個人差に与える影響を明らかにする学問であり、双生児の性格や行動から、遺伝の影響を推測する（結果として、環境の影響も明らかになる）。しかし、行動遺伝学では、直接、遺伝子の研究をしているわけではない。それゆえ、行動遺伝学では、ある性格や行動に関与している遺伝子をみつけることはできない。

　行動遺伝学では、実際に行動としてあらわれる表現型値（P）を、遺伝型値（G）と環境の効果（E）の和であらわす。遺伝型値は、特定の遺伝子のことではなく、ある行動に関与している複数の遺伝子の効果の総和である。環境の効果とは、遺伝では説明できないすべての効果であり、共有環境の効果と非共有環境の効果がある。共有環境とは、家庭環境など双子が共有している環境であり、非共有環境はそれ以外の環境である。

$$P（表現型値）＝ G（遺伝型値）＋ E（環境の効果）$$
$$E ＝ 共有環境の効果 ＋ 非共有環境の効果$$

　行動遺伝学では、性格や行動（表現型）に与える遺伝の影響を、遺伝率（％）であらわす。遺伝率とは、表現型の分散のうち、遺伝によって説明できる割合である。いい換えれば、遺伝率は、遺伝がある集団における性格や行動の個人差（相対的な位置）に与える影響の割合である。遺伝率は、遺伝する割合ではない。たとえば、ある性格の遺伝率が60％とすると、その性格の平均値からのズレ（個人差）の 60％ が、遺伝によって説明できることを意味している。その性格が、60％ の確率で遺伝することを意味しているわけではない。

　行動遺伝学では、以下のことが明らかになっている。第一に、知能検査による知能の遺伝率は60％から80％、特性（性格）の遺伝率は30％から50％程度である。第二に、知能の遺伝率は、発達するにつれ大きくなる。つまり、

年少のころは遺伝の影響を受けにくく、年齢をかさねるにつれ、遺伝による影響を強く受けるようになる。第三に、性格や行動に影響する共有環境（双子が居共有する環境）の効果は、遺伝の効果や非共有環境の効果に比べると小さい。つまり、家庭環境が性格や行動に与える影響は、とても小さい。

3　個人差のとらえ方

(1) 精神分析

　精神分析は、**フロイト**が提唱した壮大（そうだい）な思想体系と、その思想に基づく治療技法である（第12章「精神分析」参照157頁）。精神分析は、ギリシア神話などの逸話（いつわ）、フロイト自身の治療経験、フロイトの父親との死別経験などを根拠にしている。**リビドー**は精神分析の中核となる概念であり、性的エネルギー（性衝動）である（エネルギー経済論）。リビドーは、以下の段階を通過し、身体の発達とともに、成人の生殖（せいしょく）へ移行する（発生論）。

　口唇愛期（こうしん）（生後1年ころまで）では、吸う、噛（か）むといった欲動である口唇性愛が高まる。**肛門愛期**（3から4歳まで）では、排泄（はいせつ）行為の調節ができるようになり、排泄行為にともなう快感が生まれる。**男根期**（児童期まで）では、性器に対する感受性が高まり、性器に触れることで快感を得る。男児の場合、エディプス・コンプレックスによって去勢（きょせい）不安を感じる。**エディプス・コンプレックス**とは、リビドーの対象を母親に向け、父親に敵意を持つようになる状態である。去勢不安とは、「母親を寝取りたい欲動が、父親にみつかり、父親に去勢されるという不安」である。そして、自分を父親に同一視することで、欲動を満たそうとする。そのため、父親を理想化する。女児の場合、クリトリスがペニスより小さいことに気づき、ペニス羨望（せんぼう）が生まれる。ペニス羨望とは、男性がペニスを持っていることを羨（うらや）ましく思うことである。ペニス羨望の原因である母親に対する憎悪（ぞうお）によって、欲動を父親へ向ける。やがて、ペニス羨望は、子どもが欲しいという願望に移行し、母親に同一化するようになる。男根期を通過した児童は、リビドーの発動がおさ

えられ、潜伏期を迎える。思春期に入ると、成人としての性器愛に芽生え、性器期に移行する。それぞれの段階でリビドーの固着が起こると、それぞれの段階に特有の性格が形成する。たとえば、口唇愛期への固着が起こると、他者に対して依存的になり、食べたり飲んだり、タバコを吸ったり、そのような行為から快楽を得るような性格になる。肛門愛期に固着すると、異常な潔癖症になったり、何かをためこんだりするような肛門愛性格になる。

　人の心的機能は、エス（イド）、自我（エゴ）、超自我という心的装置によって構成されている（構造論、力動論）。**エス**は、本能的欲求やリビドーなどの原始的な欲動の源であり、快楽を求め、苦痛を避けようとする。**自我**はエスの欲動をおさえ、現実原則にしたがう（現実世界の規制を受け入れる）。超自我は、自我の検閲官の役割をはたし、良心のように作用する。自我にとって受け入れがたいエスの欲動から、自我を守るため（意識化しないように）の心的メカニズムを、自我の**防衛機制**という。代表的な防衛機制に、**抑圧**（不快な出来事を無意識化に追いやる）、分裂（不快な出来事を経験した自己を別の自己とする）、置き換え（欲動を別の対象に向ける）、退行（未熟な発達段階へもどる）、反動形成（受け入れがたい欲動を、正反対の方向に向ける）、投影（望ましくない自己の部分を、他者のものだと思いこむ）などがある。無意識、深層心理、夢診断、多重人格、トラウマなどの用語は、精神分析から派生したものである（精神分析以前からも、類似の考え方はあった）。

(2) 人間性心理学

　1960年ころ、行動主義や精神分析に対して、人間の主体性、自己実現、人間の理解を重視する人間性心理学が生まれた。つまり、**人間性心理学**では、人間の主観的体験を重視し、心理学の目的は、人間を理解することであるとした。その根底には、科学的方法によって、人の行動の予測や制御ができるようになっても、それは人間の理解にはつながらないという考えがある。人間性心理学の中心人物が、マズローとロジャーズである。**マズロー**は「人は常に自己実現に向けて努力しており、自らの意思によって、変わることがで

きる」と考えた。そして、マズローは自己実現を最終目的とした、欲求階層説を提唱した。**欲求階層説**では、低次の欲求を満たすことができて始めて、高次の欲求が生じる。最も低次の欲求階層から順に、「生理的欲求」「安全の欲求」「所属と愛情の欲求」「承認の欲求」「自己実現」である。最高次の**自己実現**では、究極の幸福感や達成感である至高体験を経験する。マズローは、さまざまな人の至高体験を調査するという手法によって、自己実現の研究を進めた。

クライエント中心療法（第12章「カウンセリング」参照159頁）で知られている**ロジャーズ**は、人は自己の能力を発揮・実現するように動機づけられている（自己実現傾向）と考えた。この自己実現傾向に基づいて、人は、現実の自己像（現実自己）と、実際に経験している自己を比較し、矛盾が生じないように行動する。現実自己と理想とする自己像（理想自己）が一致していると、幸福を感じ、矛盾していると不適応を起こす。

(3) 学習理論

行動主義（コラム7参照61頁）では、遺伝などの生得的要因の影響を除けば、行動の個人差は、学習経験、強化歴の違いによって生じる。そして、個人差が生まれる学習の過程や、個人差に影響する状況や環境要因に注目してきた。そのため、特性（性格）によって、行動の個人差を説明することを軽視していた。しかし、1970年代に入ると、社会的学習理論など、学習理論に認知的活動を重視する考えが広がった。このような学習理論では、行動の個人差を、信念、思考、期待などの認知、情報処理などの個人差によって説明しようとしている。

4　知能

知能の定義は、研究者の立場によって違う。ボーイングは、知能を「知能検査によって測定されたもの」と定義した（コラム11参照97頁）。知能検査

の原型は、フランス政府の命によって、**ビネー**が1905年に作成した知能検査にある。その目的は、義務教育に先駆け、学習遅滞児を特定し、より適切な教育をすることだった。つまり、ビネーは、学習遅滞児のスクリーニングのために、知能検査を開発した。ビネーは、それぞれの検査を何歳で達成できるかによって、個人の知能を測定した（達成標準年齢との比較によって測定した）。たとえば、標準年齢6歳で達成できる検査を、8歳の子どもが達成できなければ、標準的な子どもより、2年遅れていることになる。つまり、ビネーは、知能は教育や発達によって変化するものだと考えた。

　ビネーの知能検査は、アメリカにわたり、ターマンによって、1916年にスタンフォード・ビネー知能検査として普及した。スタンフォード・ビネー知能検査では、シュテルンの**知能指数**（IQ）の概念を用いて、個人の知能検査の結果を数値であらわした。IQ は、精神年齢÷生活年齢×100 によって計算する。精神年齢は知能検査によって決まる年齢であり、生活年齢は子どもの実年齢である。さらに、ウエクスラーが、成人の知能を測定するために、**ウエクスラー知能検査**を作成した。ビネーやウエクスラーのいう知能とは、論理的思考に必要な一般的能力である。一般的知能とは、知能を構成するさまざまな要素に共通している能力であり、その概念はスピアマンが提唱したものであった。ビネーは知能は教育や発達によって変化すると考えていたが、優生学のゴルトンやスピアマンは、知能は遺伝によって決まり、生涯変化しないと考えた。また、ビネーの知能検査がアメリカにわたり、その結果を知能指数であらわすようになったころから、大衆の多くは、知能は生得的であり、生涯にわたって、変化しないと考えるようになった。

　一般的知能に対して、ガードナーは、独立した7種類の知能があると考えた。7種類の知能とは、言語知能、音楽知能、論理・数学知能、空間知能、身体・運動知能、個人内知能、対人的知能である。一般的知能の考え方では、7種類の知能に共通する能力が存在することになるが、ガードナーは、そのような知能に共通する能力を否定した。このようなガードナーの考えを、**多重知能理論**という。ガードナーの知能とは、ある社会や文化において、役割

をはたすために必要な「問題を解決したり、創造したりする能力」である。

本章に関連のある重要な人名・学術用語

アドラー、アンダーソン、ウイニコット、エリクソン、オルポート、キャテル、クライン、クロニンジャー、ケリーのパーソナル・コンストラクト理論、ゴールドバーク、自我心理学、社会的報酬理論、体液説、対象関係論、対人円環モデル、ミシェル、ユング

コラム 11　知能検査

　知能検査の本来の目的は、学習遅滞児（ちたい）のスクリーニングであり、ビネーの知能は教育や発達によって変化するものであった。しかし、ビネーの知能検査がアメリカにわたり、個人の知能を数値化（IQ）するようになると、本来の目的とは別の目的で使用したり、知能検査の結果を誤って解釈したりするようになった（たとえば、「IQ が高いほど知能が高い」「IQ は遺伝によって決定する」）。そして、IQ は差別や偏見を生み出した。つまり、IQ に関する誤った科学的知識（悪用）が、差別や偏見を生んだ。IQ が黒人差別を助長した事実は有名である。

　第一次世界大戦時のアメリカは、軍人を分類するために、アーミー・テスト（集団知能検査）を開発した。17 万をこえるデータから、アメリカ黒人の知能検査の結果（精神年齢 10.4 歳）が、アメリカ白人の結果（精神年齢 13 歳）より低いことを実証した（白人の数値が低い理由は、黒人との混血が進んだためと主張した）。この発見は、黒人を最前線に送り込む科学的根拠として悪用された（IQ の高い軍人は将校として安全な後衛司令部で指揮し、IQ の低い軍人は前線で血を流した）。さらに、「生まれながら黒人は白人に劣っている」という誤った科学的根拠にも使われた。

　また、知能検査の結果は、アメリカで「移民は知能が低いので、移民を認めない」という科学的根拠にも使われた。このような主張は、IQ の集団間の違いに対する理解不足にある。アイゼンクの有名な話を紹介する。遺伝形質が異なる 2 種類のトウモロコシの種子（きんとう）を、白袋と黒袋に均等に入れる。白袋の種子は肥沃（ひよく）な土地に植える。黒袋の種子は不毛の土地に植える。すると、どちらの土地でも、より多くの実をつけたトウモロコシと、そうでないトウモロコシができた（種子の形質差がその原因）。しかし、肥沃な土地では、不毛な土地よりも多くの実をつけた。この実りの違いは土地（環境）が原因である。仮に IQ が遺伝によって決定するとしても、集団間（アメリカ人と移民）の IQ の違いは、遺伝（知能）ではなく環境（住んでいる場所。アメリカか他国か）によるものである。

　知能検査の結果は、大学進学のための適性検査（アメリカの SAT や ACT。日本の大学入学共通テストのようなもの）や入学後の成績と関係が強い。しかし、このことは、知能が適性検査や成績と関連していることを意味しているわけでない。このような研究では、知能は知能検査によって測定しており、その知能検査はわれわれが考えている知能を測定していないからである。

第8章
発達

　発達に大きな影響を与えるのは、遺伝なのか、環境なのかに関する研究が古くから行われてきた。いずれの立場も、「遺伝のみ」あるいは「環境のみ」が発達に影響するとは考えていない。しかし、いずれの研究でも、発達の初期段階の重要性が、繰り返し報告されている。この章では、その発達の初期段階に焦点をあて、初期経験、母子関係、認知や道徳性の発達について説明する。しかし、生涯発達という言葉が示しているように、発達は、生まれてから老いて亡くなるまでを指していることも、心にとどめていてほしい。

1　初期経験

(1) 成熟優位説

　成熟とは、人の発達において、時間の経過とともに、遺伝の要因によって成長・変化する過程である。成熟優位説では、発達は、環境よりも、成熟によって決まっていると考えている。成熟優位説をとなえた古典的研究者である**ゲゼル**は、ある学習をするためには、その学習に必要な**レディネス**（準備状態）にあることを重視した。つまり、学ぶためには、一定の成熟を待つ必要があるという意味である。たとえば、赤ん坊は微分積分を理解するためのレディネスにはなく、赤ん坊が微分積分を理解できるためには、赤ん坊の成熟を待つ必要がある。そうじて、成熟優位説は発達における遺伝の影響を重視しており、初期経験の考え方に否定的である。

（2）野生児研究

　野生児とは、社会生活から隔離した環境で育った子どものことである。①動物に育てられた事例、②野山などに捨てられ、自力で生きのびた事例、③虐待などによって、閉じこめられた生活を送った事例などがある。①としてオオカミに育てられた少女、②としてアヴェロンの野生児の事例がある（コラム 12 参照 100 頁）。①と②の事例の多くは、人によって育てられたあとでも、言葉を獲得できなかったり、社会的生活を営むことが困難だったりする。そのため、野生児の事例は、臨界期（「動物行動学から」で説明する）を裏づける根拠として紹介されていた。③の隔離された野生児として、カスパール・ハウザー（推定 16 歳の少年を 1828 年に保護）やジーニー（13 歳少女を 1938 年に保護）の事例がある。隔離された野生児のその後の様子については一貫性がなく、それぞれの事例によって異なる。つまり、社会性を獲得でき、社会生活を営めるようになったという事例もあれば、社会性を獲得できず、施設などで育てられた事例などもある。野生児の研究は、ヒトの発達が遺伝によって決定するのか、環境によって決定するのか、という文脈で紹介されることが多い。

（3）動物行動学から

　鳥類のある種には、ふ化したひな鳥が、最初に目にした動くものを追いかける習性がある（追従行動）。その対象は、自然界では通常親鳥であるが、おもちゃのラジコンなどに対しても、ひな鳥は追従行動をする。このような習性を、動物行動学者である**ローレンツ**は、**インプリンティング**（刻印づけ）と呼んだ。動物行動学（エソロジー）は、動物の種による行動の違いを研究している学問分野である。インプリンティングは、ふ化したあとの特定の期間しか学習できず、一度学習すると、長期にわたって追従行動を行う。たとえば、ふ化後 16 時間を超えると、動くものを見ても、追従行動をしなくなる。インプリンティングのように、発達の極めて早い段階で、ある行動の学習が獲得できなくなる時期を**臨界期**という。ある行動の学習には、最適

コラム12　野生児の真相

オオカミに育てられた少女

　1920年、インドのカルカッタ郊外で、シング牧師がふたりの少女を発見した。名前はカマラ（推定8歳）とアマラ（推定1歳）。シング牧師の記録では、四つんばいになって歩行し、犬のように地面の水を飲んでいた。まるで、オオカミに育てられたようだった。シング牧師は、ふたりが人間らしく生活できるよう献身的に努めた。しかし、アマラは発見の1年後に死亡した。カマラは訓練によって2足歩行をするようになったが、社会生活を営むために必要な言語能力（17歳で45語を獲得）や社会性を身につけることなく、発見から9年後に死亡した。その後、シング牧師はふたりの記録と写真を出版し、ふたりは世界中に知れ渡った。この話は、当時成熟優位説によって名声をはせていたゲゼルが、事実であると紹介し、多くの人々が信じるようになった。しかし、この話の証拠となる写真やシング牧師の記録には不審な点があった。また、オグバーンらによる調査では、シング牧師の記録は多くの点で裏づけを得ることができなかった。

アヴェロンの野生児

　1799年、フランスのアヴェロンの森で、推定12歳の少年が発見された。発見時には、健康な子どもと同様の感覚や感情がなかった。この少年を診たピネル医師は、知的障害があり改善の見込みが低いと診断した。ロックのタブラ・ラサの思想（生まれたばかりの人のこころは、何も書いていない書字板のようである）に影響を受けていた医師のイタールは、ピネルの診断に異議を唱え、十分な教育をすれば、知的障害は改善すると考えた。そして、この少年を引き取り、ヴィクトールと名づけた。そして、およそ5年間、イタールはヴィクトールを教育した。しかし、ヴィクトールは十分な言語を獲得できず、社会性も乏しかった。そのため、イタールはヴィクトールの教育を断念し、施設にあずけた。

　「オオカミに育てられた少女」「アヴェロンの野生児」、いずれの事例も成熟優位説あるいは初期経験の根拠になった。しかし、どちらの事例の記録も、真実であるかどうか疑わしかったため、心理学では早い段階から取り上げなくなった。両事例とも、子どもたちは先天的に知的障害あるいは自閉症を抱えていて、養育が困難になった親が遺棄した後、発見された可能性が高い。実際に、障害のある子どもを遺棄した事例は少なくなく、そのような行為が風習化している地域もある。

な時期が存在する、という意味で、敏感期ということもある。

(4) 母性のはく奪

　1940年代、スピッツは、孤児院で長期間育てられた子どもの中に、発達の遅れ、呼びかけに対する反応の低さ、無関心、食欲不振などを示す子どもを発見した。その影響は、子どもの人格形成にもおよんだ。スピッツは、このような症状を**ホスピタリズム**（施設病）と呼んだ。その後、**ボウルビィ**は、ホスピタリズムの原因は、母親（養育者）との精神的結びつき（後述するアタッチメント）が奪われたことであると考え、**マターナルディプリベーション**（母性的養育はく奪）と名づけた。

　スピッツの報告に影響を受けた**ハーロー**は、サルを使って、発達初期の社会的接触を奪う実験を始めた。ある実験では、生後1年間、子ザルから母ザルを引き離し、隔離した檻で育てた（ただし、他のサルを見たり、声を聞いたりすることはできた）。この子ザルは、自然界で産まれセンターに連れてこられた子ザルと比べ、ヒトでいうところの成人に達しても、自傷などの異常な行動を見せた。スピッツの報告やハーローの実験は、生まれて間もない期間、母親との関係が重要であることを意味している。

2　母子関係の発達

(1) 代理母実験

　ハーローが**代理母実験**（下記の実験）をした1950年代当時、学習理論（第4章「学習とは」参照49頁）では、母親への愛情欲求は、一次的動因（飢えや渇きなどの生理的欲求）が満たされることによって生じる、派生的動因であると考えていた（第1章「獲得性動機」参照19頁）。つまり、学習理論では、母親への愛情は、「母乳や食べ物を、子どもに与えることで生まれる」と考えていた。ハーローは、母親から隔離した子ザルに、針金で作った代理母、あるいは触り心地の良い布で作った代理母を与えた。どちらの代理母にも、

胸にあたる部分から、乳が出るように細工した。その後、子ザルに針金製の代理母と、布製の代理母の両方を与えた。学習理論による説明が正しいならば、針金製の代理母から乳を飲んだ子ザルは針金製の代理母を、布製の代理母から乳を飲んだ子ザルは布製の代理母を、それぞれ好むはずである（それぞれの代理母に抱きつく時間が長い）。しかし、いずれの子ザルも、布製の代理母との接触時間が長かった。さらに、見たこともない刺激を子ザルに見せると、その恐怖のため、いずれの子ザルも布製の代理母にしがみついた。しかし、しばらくすると、子ザルはその新奇な刺激に近寄り、再び布製の代理母にもどる行動を繰り返した。布製の代理母に対する子ザルの行動は、実際の母ザルと子ザルとの関係に似ていた。ハーローの実験は、子ザルにとって母ザルは、食べ物を与えるだけの存在ではなく、それ以上に、身体的接触によるアタッチメント（次項で説明）を与えてくれる存在であることを意味している。

(2) アタッチメント

　アタッチメント（愛着）とは、特定の人物との間に形成する情緒的きずなである（アタッチメントは、ヒト以外の関係でも用いる）。ボウルビィは、危機に直面した個体が、恐怖や不安を感じた時、別の個体と接触することで、安全であると感じることができる傾向を、アタッチメントと呼んだ。子どもは、発達の早い段階（乳幼児期）に、母親を安全基地のような存在として認識し、母親との関係を形成する。このような母親とのやり取り（行動レベル）を通じて、徐々に、人間関係全般に対する一般化した内的イメージ（表象レベル）を形成する。この一般化した内的イメージを**内的作業モデル**という。ボウルビィは精神分析の影響を受けており、発達早期の母子関係を重視し、乳幼児期における母子関係のアタッチメントの形成が、その後（成人期以降も）の人間関係（恋愛関係を含め）に影響を与えると考えた。

　アタッチメントの個人差を測定する方法として、エインズワースのストレンジ・シチュエーション法がある。**ストレンジ・シチュエーション法**は、以

表8-1　ストレンジ・シチュエーション法によるアタッチメントの分類

アタッチメントの型	子どもの言動
回避型	母親が退出してもぐずらず、母親がもどってきても、母親を避けようとする。全体的に、母親に関心を示さない。
安定型	母親がいなくなると不安になり、泣いたりする。母親がもどると、母親との接触を求める。
アンビバレント型	母親が退出すると、強い不安を示す。母親がもどると、母親と接触を強く求める。その一方で、母親に怒りをぶつける。たとえば、母親が抱きかかえようとすると抵抗し、降ろそうとするとしがみつく。

　下のような方法によって、子どものアタッチメントを、回避型、安定型、アンビバレント型の3つのタイプに分類できる（表8-1参照）。このテストでは、母親が退出したあとと、母親がもどってきたあとの、子どもの言動を観察する。このテストの対象は、生後12か月から18か月の子どもである。

①母親と子どもが、部屋（実験室）に入室する。
②見知らぬ女性が入室する。
③母親が部屋から退出する。子どもが泣くようなら、見知らぬ女性があやす。
④母親が部屋にもどる。見知らぬ女性が退出する。
⑤再び、母親が退室する。
⑥見知らぬ女性が、部屋にもどってくる。
⑦母親が部屋にもどる。見知らぬ女性が退出する。

　安定型の子どもの母親は、子どもの働きかけに対して敏感であり、柔軟に対応する。しかし、回避型の子どもの母親は、子どもの働きかけに対して拒絶的である。そのため、回避型の子どもは、「自分は愛されていない、拒否される」という内的作業モデルを形成する。その結果、他者に対して否定的感情を持ち、他者に依存することを不快に思い、親密な関係をこばむ。恋愛

関係では、「愛は長続きしない」という内的作業モデルによって、短期的関係を結ぼうとする。アンビバレント型の子どもの母親は、子どもの働きかけに対して鈍感であり、母親の気分によって、子どもへの対応を変える。そのため、アンビバレント型の子どもは、「自分は見捨てられる。自分を受け入れてくれるか不安」という内的作業モデルを形成する。その結果、他者の注意を引こうとしたり、他者にしたがうような行動をしたりするようになる。恋愛関係では、「自分に関心のある異性はいない。相手が交際を望んでいるか不安になる」という内定作業モデルによって、望んでもいない性行為をしたり、嫉妬したり脅迫感情を持ったりする。

3 認知と道徳性の発達

(1) 認知の発達

ピアジェは、子ども（主に自身の子ども）の行動を観察することによって、子どもの認知に関する幅広い発達理論を考えた。ピアジェは、子どもの認知能力は、質の異なる段階を経験して発達すると考えた（表8-2参照）。ピアジェは、最も著名な発達心理学者であり、認知心理学者のひとりとしても知られている。

(2) 道徳性の発達

ピアジェによれば、子どもの道徳性の発達（善悪の判断）は、客観的道徳性から自律的道徳性へ移行する。客観的道徳性の段階の子どもは、権威や力に服従する。自律的道徳性では、自己中心性から脱し、他者の視点を考慮して、社会的な規範にしたがう。**自己中心性**とは、自分の視点で外界を理解することである。**コールバーグ**は、ピアジェの道徳性の発達を発展させ、道徳性に関する認知的枠組みは、質の異なる6つの段階（3水準）を経て発達すると考えた（表8-3参照）。コールバーグは、以下のようなジレンマ課題を用い、子どもの道徳段階を判断した。

表8-2　ピアジェの認知発達段階

発達段階	年齢	認知能力
感覚運動段階	生後2歳まで	触ることによって、外界を理解する。対象の永続性（視界から消えても、存在し続けることを認識）を獲得する。
前操作段階	2歳から7歳まで	物事を表現するために、シンボル（イメージ、言葉、ジェスチャ）を使い始める（ゴッコ遊びなど）。自己中心性によって物事を考える。自己中心性とは、自分の視点で外界を理解する。たとえば、物にも感情や命があると考えることである。
具体的操作段階	7歳から11歳まで	自己中心的思考から、論理的思考へ移行する（脱自己中心性）。保存の法則（物の形が変わっても、物の量は変化しない）を獲得する。具体的事柄（直感的に理解できる事柄）に関してのみ、抽象的言葉が使用できる。
形式的操作期	11歳から15歳まで	抽象的事柄を、論理的に考えることができる。大人と同じような思考に達する。

ジレンマ課題の概要

　妻が、がんで死にかけている。がんを治す薬はあるが、高額（不当に高額）であるため、買うことができない。借金をして金を工面したが、それでも買えない。そこで、妻のためにその薬を盗んだ。

　質問：「この男は、薬を盗むべきだったか」「なぜ、そう思ったのか」

　第一段階・第二段階（第一水準）の子どもは、「薬を盗んだので、刑務所に入れられてもよい」のように、罰を受ける行為が悪いことだ、という善悪の判断をする。第三段階・第四段階（第二水準）の子どもは、「法律で決まっているので、薬を盗んではいけない」など、法律や社会規範によって善悪の判断をする。第五段階・第六段階（第三水準）の子どもは、「命は尊いので、法律を破っても薬を盗んでもよい」など、法律や社会規範などを超え、自らの倫理観にしたがって判断する。

表 8-3　コールバーグの道徳性の発達段階

発達段階	志向の方向性	善悪の判断基準
第一段階	罰^{ばつ}と服従	罰を避けたり、力にしたがったりする。
第二段階	報酬	報酬を得ることができるかどうか（自分の要求が満たされるかどうか）、他者の要求を満たすことができるかどうか。
第三段階	良い子	他者から称賛^{しょうさん}されるかどうか、批判されないかどうか。
第四段階	権威^{けんい}	権威、法律、社会的秩序にしたがう。
第五段階	社会的契約^{けいやく}	仲間からの敬意や、自尊心を維持するために、社会が認めた基準にしたがう。
第六段階	倫理原理	自ら選択した倫理観・良心にしたがう。

　コールバーグは、道徳性の発達段階は文化普遍的であると考えた。つまり、どのような文化でも、子どもは同じ発達段階をたどる。また、ピアジェやコールバーグは、環境からの働きかけによって、子どもの道徳性を受動的に獲得するのではなく、子ども側からの働きかけによっても、道徳性が発達すると考えた。このような点で、ピアジェやコールバーグの考えは、それまでの道徳性の発達理論と異なっていた。

(3) 向社会的行動

　向社会的行動とは、他者の利益になるように、自発的に行う行動である。一方、他者の利益を損^{そこ}なう自発的行動は、反社会的行動である。愛他行動は向社会的行動のひとつであり、自分の利益よりも、他者の利益を優先する自発的行動である。**アイゼンバーグ**の向社会的行動の発達を表 8-4 で紹介する。

　向社会的行動をするためには、他者に対する共感がなければならない。そこで、ホフマンは、向社会的行動の動機づけとなる共感的苦痛に注目した。**共感的苦痛**とは、他者の痛みを、自分の痛みとして、感じることができることである。共感的苦痛を感じるためには、まず、自己と他者を区別する能力が必要である。自他の区別ができる前の乳児は、自分の泣き声と他者の泣き

表8-4　アイゼンバーグの向社会的行動の発達

発達段階	志向の方向	向社会的行動の理由
レベル1	快楽主義・自己焦点的志向	お礼がもらえるから、好きな相手だから助ける。
レベル2	他者の要求	他者の身体・物質・心理的要求による。ケガをしているから、泣いているから助ける。
レベル3	承認・対人志向	善い人・悪い人、善い行為・悪い行為のステレオタイプによって助ける。他者から承認や受容のために助ける。助けることは良いことだから助ける、ほめてくれるから助ける。
レベル4a	自己反省的共感	同情、役割、人間性への配慮<ruby>配慮<rt>はいりょ</rt></ruby>によって助ける。かわいそうだから助ける。自分だったら助けてほしいから助ける。
レベル4b	移行段階	価値観<ruby>規範<rt>きはん</rt></ruby>、規範、義務や責任、他者の権利や尊厳<ruby>尊厳<rt>そんげん</rt></ruby>を守るために助けるが、そこには明確な基準はない。助けると気が楽になるから助ける。
レベル5	内面化した段階	価値観、規範、義務や責任、他者の権利や尊厳を守るために助ける。

声を混合し、他者が泣くと泣いてしまう（反応的泣き）。やがて、他の子どもが、転んで泣いている様子を、しばらく見てから泣くようになる（自他の区別が生まれる）。苦痛を感じている他の子どもと、自分を区別できるようになると、他の子どもの心理的状態が、自分のそれと同じであると考えるようになる。さらに成長すると、自己の要求と他者の要求は、同じではないことを理解し、他者の要求にそって、助けることができるようになる。

（4）心の理論

　共感することと他者の気持ちを理解することは、同じではないが、とても関係がある。他者の気持ちを理解できる能力は、**心の理論**という。心の理論があるのかないのかは、主に誤信念課題を用いて、その課題ができたかどうかによって判断している。誤信念課題とは、他者が現実とは違うことを信じ

ている時、その他者が信じていること（信念）を理解できるかどうか、確かめる課題の総称である。誤信念課題には、**サリーとアン課題**やスマーティ課題などがある。サリーとアン課題では、アニメーション、紙芝居<ruby>紙芝居<rt>かみしばい</rt></ruby>、人形劇などを使って、以下のような話を、子どもに理解できるように伝え、子どもの反応を観察する。

サリーとアン課題

①サリーとアンが、同じ部屋にいる。サリーの前にはサリーのバスケットが、アンの前にはアンの箱がある。

②サリーが、ビー玉を自分のバスケットに入れ、部屋を出る。

③サリーのいない間に、アンはビー玉をバスケットから取り出し、自分の箱の中に入れる。

④サリーが部屋にもどってきて、ビー玉を取り出そうとする。

そこで、子どもに、以下の質問をする。

「サリーは、どこを探すか」（信念に関する質問）

「ビー玉は、今、どこにあるか」（現実に関する質問）

「最初に、ビー玉は、どこにあったか」（記憶に関する質問）

　3歳児は、「現実に関する質問」と「記憶に関する質問」には、正しく答えることができる。しかし、「信念に関する質問」に対して、「箱」と答える。その回答は、「現実に関する質問」に対する回答と同じである。3歳児には、現実とサリーの間違った信念とを、区別する能力がないからである。サリーとアン課題やスマーティ課題は、子どもが所属する社会や文化にかかわらず、多くの子どもが、生後4歳後半ころから、5歳ころまでにできるようになる。

　ヒト以外の霊長類は、誤信念課題に正解できないため、ヒト以外の霊長類の心の理論は、限定的であると考えていた。しかし、2016年、クルペニェらは、チンパンジーなどの霊長類が誤信念課題に正解できることを明らかに

　「ヒトは特別であり、他の動物とはまるで違う」と思っているかもしれない。しかし、そうではない。たとえば、動物も共感的苦痛を感じ、見ず知らずの他個体を助けたりする。そのような例として、チャーチの古典的研究を紹介する。レバーを押すとエサが出るスキナー箱に、電気ショックを受けた経験のあるラット（ネズミ）と、電気ショックの経験のないラットを入れる。その後、両方のラットに、電気ショックを受けている別のラットの様子（声も）を見せる（聞かせる）。すると、電気ショック経験ラットは、レバーを押す回数が明らかに減少した。電気ショック経験なしラットは、レバーを押す回数がわずかに減少しただけだった。つまり、電気ショック経験ラットは、別のラットが電気ショックを受けたことを不快に感じ、レバーを押すことができなくなった。このような共感的苦痛は、多くの哺乳類で観察されている。2020 年の Current Biology 誌の研究では、ラットが共感的苦痛を感じている時、ヒトと同様に、脳の前帯状皮質が活発に働いていた。

　さらに、苦痛を受けている他個体を見ると、その苦痛を取り除こうとする行動も観察されている。ある実験では、自由に動けるラットに、透明の筒に閉じ込められ、身動きの取れないラットを見せた。すると、自由に動けるラットは、試行錯誤の結果、身動きのできないラットを透明の筒から出すことに成功した。同種の個体が、苦痛を感じている様子を見ることが不快で、その様子を見なくて済むために、ラットを助けたかもしれない。もし、苦痛を見ることが不快ならば、苦痛を受けているラットを避けようとするはずである。しかし、別の実験によって、苦痛を受けているラットを避けるのではなく、逆にそのラットに接近することがわかっている。自然界でも他個体を助ける行動が頻繁に観察されている。チンパンジーでは、見ず知らずの他個体にエサを分けたり、親を失った子どもを育てたり、仲間を外敵から守ったりと、自身の損失や危険がある場合でも、他個体を助ける行動（利他行動）が観察されている。

　逆に、他個体が苦痛を感じていないにもかかわらず、自分だけが苦痛を感じていると、その苦痛が増加する。たとえば、ラットを身動きのできない透明の筒に閉じ込め、自由に動ける複数のラットを見せる。すると、自由に動けるラットを見ていない時より、自由に動けるラットを見ている時の方が、ラットのストレスホルモンの分泌量が多くなった。いい換えるなら、自分だけが不快な状況に置かれていると、ストレスが増加する。これも動物が共感している証拠である。

し、ヒト以外の動物にも、心の理論があてはまることを発見した。

本章に関連のある重要な人名・学術用語

アフォーダンス、ヴィゴツキー、エリクソン、奥行き知覚、環境はく奪実験、ギブソン、ギリガン、クラインの対象関係論、視覚的断崖、自我同一性、馴化・脱馴化法、生理的早産、選考注視法、同化と調節、ハヴィガースト、分離不安、ポルトマン

本質

第9章
心理学の根拠

　心理学が人の「こころ」を研究する学問ならば、哲学、文学、思想、文化、宗教なども心理学である。心理学を学んだ経験のある読者なら、人の「こころ」を理解するには、哲学や文学などの方が優れていると思うだろう。哲学や文学などの学問と心理学が異なる点は、人の「こころ」を探求するかどうかではなく、科学的方法を用いるかどうかにある（心理学だけが、科学的方法を用いている。正確には、用いようと努力している）。それゆえ、心理学の研究方法を理解することは重要であり、心理学の研究方法を学ぶことによって、心理学の根拠を知ることができる。本章は、心理学の知見が、どのような根拠に基づいているのか、「なぜ、そんなことをいうことができるのか」を理解するための章である。その心理学の根拠を、心理学の研究の手順にそって説明する。心理学の手順は、以下のとおりである。①仮説の生成、②データの収集、③データの分析、④論文の発表。この章では①から③まで説明し、④は最終章の「補講」で説明する。本章で使用している「科学」は、「心理学」に読みかえることができる。

1　仮説の生成

　化学では、化合物Ａと化合物Ｂが化学反応を起こし、予期せず新しい化合物Ｃを発見することがある。その発見に、仮説は不要かもしれない。しかし、少なくとも推測統計（あとで説明する）を用いる科学（心理学も含まれている）では、明確な仮説が必要である。

---

(1) 検証可能と反証可能

　科学で用いる**仮説**は、「ひらめき」や「思いつき」ではない。仮説は論理的でなければならない。つまり、誰もが納得できる説明・根拠が必要である。加えて、その説明や根拠のひとつひとつに、科学的方法を用いた先行研究のデータが必要である。さらに仮説は、他者によって確かめることができ（検証可能）、かつ、反論できなければならない（反証可能）。**検証可能**とは、仮説が正しいかどうか、確かめることができる科学的方法が存在することである。仮説を確かめる科学的方法がなければ、その仮説が正しいかどうかわからない。それゆえ、科学では、科学的方法によって確かめることができない仮説はあつかわない。たとえば、「どのような方法によっても感知できず、目にも見えない宇宙人が、われわれの周りに存在する」という考えは、仮説ではない。ただし、科学は、科学的に確かめることができないという理由で、それが誤っていると結論づけない。

　反証可能とは、仮説が誤りであることを確かめる科学的方法があるという意味である。いい換えれば、反証可能とは、科学的方法によって、反証例をあげることができることである。仮説が誤っていても、それを指摘する方法がなければ、間違いを正すことはできない。代表的な反証不可能な仮説に、精神分析（第7章「精神分析」参照92頁・第12章「精神分析」参照157頁）や進化心理学（第14章「進化心理学」参照177頁）の諸理論がある。精神分析の諸理論は、科学理論ではなく思想である。たとえば、「精神疾患は、幼少期に抑圧した性的トラウマが原因である」という考えは、性的トラウマが原因ではない精神疾患患者の事例に対して、「その患者の性的トラウマは抑圧されていて、その経験は本人でさえ覚えていないだけである」といい逃れることができる。また、「人のこころはエス、自我、超自我によって構成されている」という考えも、反証不可能である。正確にいえば、科学の仮説でも反証不可能な例はある。しかし、心理学の領域で、それを認めることはできない。それを認めることができるほど、心理学は"成熟した科学"ではないからである（最終章の「補講」参照）。

(2) 演繹法と帰納法

　仮説は、主に演繹法によって作成される。心理学の場合も同様で、ほぼすべての仮説は、演繹法によって作られている。**演繹法**は、普遍的理論や一般的法則から、個別の仮説を引き出す方法である。たとえば、つり橋効果（一般的法則）から、「異性とジェットコースターに乗ると、互いに好きになる」という仮説を考える（つり橋効果については、第2章「シャクターの二要因説」参照27頁、コラム17参照139頁）。演繹法は、普遍的理論や一般的法則が正しいという前提のもとに成り立っている。しかし、心理学の場合、その理論や法則の「確からしさ」の程度は非常に低く、理論や法則が誤りである可能性が高い。つまり、心理学の仮説は、明確に正しいと断言できない理論や法則から作られている。一方、帰納法は、さまざまなデータを集めて、普遍的理論や一般的法則を作り出す方法である。たとえば、Aさんを怒らせると、殴りかかってきた。Bさん、Cさん、Dさん、水瀬いのりさんでも同じだった。そこから、人を怒らせると、殴りかかってくる（一般的法則）と推測する。

(3) 学術用語の定義

　科学で用いる学術用語（概念）は、辞書に書いている意味では用いていない。学術用語は、物理学者の**ブリッジマン**が、提唱した操作的定義によって定義されている。**操作的定義**とは、操作（実験手続きと測定方法）による定義である。たとえば、「怒り」は、辞書に「腹を立てること。憤り」などと書いている。しかし、操作的定義では、「怒り」を、「蒸し暑い部屋で、10分間、ひとりで待たされている時の内的状態」（実験手続き）、「怒り尺度によって測定した怒り得点」（測定方法）などと定義する。操作的定義を用いることで、直接観察できない概念を定義できるようになる。たとえば、「怒り」や「こころ」は直接観察できないが（目に見えない）、操作によって定義することで、観察・測定できるようになる。また、辞書の定義は主観であるが、操作的定義は客観的である。たとえば、上記の辞書に書いている「腹を

立てること」のとらえ方は、人によって違う。しかし、操作的定義は、誰に対しても同じ意味を持つ。このことは、操作的定義による学術用語は、その学術用語（怒り）を誰が測定しても、同じ学術用語（怒り）を測定できることを保証している。

2　データの収集

データ収集の科学的方法とは、誰でも同じ方法を用いることができ、同じ方法を用いれば、同じデータを収集できることである（**再現可能**）。研究をした人物しか、再現できないデータ収集の方法は、科学的方法ではない。

(1) 実験法
実験法とは、「意図した操作」と「厳格な統制」によって、仮説が正しいかどうかを、確かめる方法である。詳しくいえば、**実験**では、操作した変数（原因）のみが、目的としている変数（結果）に影響を与えるように、状況を統制する。それゆえ、実験では、原因と結果との関係（**因果関係**）を明確にできる。「やってみる」ことは、実験ではない。また、テレビなどで目にする「実験」と称する行為もまた、実験ではない。それは、デモンストレーション（見世物）にすぎない。

「意図した**操作**」と「厳格な**統制**」について、詳しく説明しよう。実験の基本は比較である。操作した条件の結果と、操作していない条件の結果を比較し、両者に違いがあれば、「その原因は操作である」と考える。前者を実験群、後者を統制群（あるいはプラセボ群）という。たとえば、実験群では「蒸し暑い部屋で待たされる」、統制群では「快適な部屋で待たされる」、その後、両群の心拍数を比較したとする。すると、実験群の心拍数が、統制群の心拍数より高ければ、「蒸し暑い部屋で待たされる」という操作が原因で、心拍数が増加したと考えることができる。そして、不快な部屋で待たされたという怒りが、心拍数を上げたと解釈する。しかし、これだけでは不十分で

ある。心拍数の個人差は大きく、実験群に、もともと心拍数の高い参加者が集まっていたかもしれない。この場合、実験群と統制群の違いは、心拍数の個人差が原因で生じたと考えられる。また、実験群と統制群との間で、実験者が違っていたかもしれない。たとえば、実験群では、肌が露出している服を着た実験者が、統制群では特徴のない実験者が、それぞれ実験をした。この場合、実験群と統制群の心拍数の違いは、肌の露出の差が原因となる。そこで、操作を除き、実験群と統制群との間で、すべての条件を同じにしなければならない。それが統制である。そうすることで、原因と結果との関係を特定できる。厳格な統制は、実験室でのみ行うことができるため、科学の実験は実験室で行う（実験室で行えば、実験というわけではない）。

　実験には「意図した操作」と「厳格な統制」が必要ではあるが、それらが不十分な研究でも、実験と呼ぶ場合がある（実験と呼ぶ人がいる）。本書でも、厳密にいえば、実験ではないにもかかわらず、便宜上、実験と書いてある箇所がある。そのような実験は準実験といい、本来の実験とは、明確に区別するべきである（社会心理学の実験の多くは準実験である）。意図した操作と厳格な統制のある実験のみが、因果関係を推測できるからである（準実験では因果関係を推測できない）。

(2) 自然観察法

　観察し記録することは、科学の基本である。自然観察法も実験法も、観察法のひとつである。しかし、自然観察法と実験法は異なる方法である。その違いは、研究をする場所ではない。**自然観察法**は、手を加えることなく、観察対象の行動を記録する方法である。つまり、自然観察法は、実験法と異なり、操作をしない。そのため、自然観察法では、観察した行動がなぜ起こったのか、その原因を明らかにすることはできない。つまり、自然観察法は、実験法と異なり、因果関係を説明できない。あくまで、現象を記述することが、自然観察法である。自然観察法は、乳幼児や動物の行動観察などで用いられている。

実験では、操作した変数以外のすべての条件を、統制しなければならない。統制を脅かす大きな要因が実験者効果である。**実験者効果**は、実験者の性別や性質、言動や思い込みなどが、実験参加者（被験体）の反応に影響を及ぼすことである。

自己成就的予言

「実験の結果は必ずこうなるはずだ」という思い込みが、実験参加者の反応に影響を及ぼし、実験者の期待通りに、参加者が反応することがある。意図的でなくとも、予測や期待に沿うように他者の行動を方向づけ、その結果、期待した通りの結果になることを**自己成就的予言**という。そのような現象に**ピグマリオン効果**（教師期待効果）がある。**ローゼンソールとジェイコブソン**は、新学期に先立ち小学校で知能検査を実施した。そして、教師に「知能検査の結果から、この児童の成績は伸びる」と伝え、成績が伸びる子どものリストを渡した。しかし、実際には、そのリストは知能検査の結果とは関係なく、それぞれのクラスから無作為に選んだものだった。8か月後に再び知能検査を実施すると、リストの児童の知能検査の結果は、そうでない児童と比較して上がっていた。この結果は、教師が特定の子どもに対して抱く期待が現実になることを意味している。

ホーソン効果

シカゴのホーソン工場の労働者に、「作業環境（照明、就業時間、休憩時間など）が生産効率に及ぼす影響を調べる」ことを伝えた（労働者たちは、さまざまな作業環境で作業を行っていた）。すると、環境条件の良い労働者だけでなく、環境条件の悪い労働者の生産性も高くなった。この結果は、労働者が実験で注目を集めていることを意識し、そのことが生産効率に影響したと推測できる。実験をホーソン工場で行ったことから、このような現象を**ホーソン効果**という。ホーソン効果は、実験者が統制を失敗した代表例である。

実際の実験では、実験者の性別、におい、服装や態度など、些細だと思うことでも実験者効果が生じる。ハンスやワンダの問題（コラム 27 参照 195 頁）も実験者効果の一例である。実験では、このような実験者効果を統制しなければならない。その統制の仕方のひとつに二重盲検法（ダブルブラインド）がある。**ダブルブラインド**とは、実験者も実験参加者も研究目的を知らない実験のことであり（実験者は、研究計画者とは別の人物）、通常行うべき科学的方法のひとつである。

(3) 相関研究法

　相関研究法は変数間の関係を調べる方法であり、変数を操作できない場合などに用いる。調査法などが、相関研究法に該当する。相関研究法の相関とは、変数間に関係があることを意味する。注意すべき点は、相関研究法では、決して因果関係を明らかにできないことである。調査法には、面接調査や質問紙調査などがある。質問紙調査は、経済学や社会学などで用いているアンケート調査とは別物である。心理学で用いる質問紙調査は、科学的方法であることを重視しているが、経済学や社会学などでは、この視点が欠けている。面接調査も同様であり、心理学では、あくまで科学的手法にしたがった方法を用いる。たとえば、質問紙調査では、信頼性や妥当性（あとで説明）を担保した尺度（あとで説明）を用い、個人のパーソナリティ（性格、態度、行動傾向）などを得点化することで、個人差を測定する。

　調査法を用いて測定した変数は、すべて主観である。たとえ年齢や性別に対する質問の回答であっても、その回答は真実とは限らず、回答した人物の主観を反映している。それゆえ、科学論文では、「自己報告による睡眠時間」、「主観的ストレス」などの表現を用いて、質問に対する回答を、実験などで観察した行動と区別している。

(4) 測定方法

　2014 年 Nature 誌が発表した被引用数上位 100 論文に、心理学関連の論文が 6 篇含まれていた。そのうち 5 篇が、測定に関する論文であった。正確にいえば、5 篇が尺度に関する論文であり、残り 1 篇は統計の論文であった。科学論文は、引用された回数が多いほど高い評価を受けている。このことを考えると、科学における心理学の最大の貢献は、測定方法かもしれない。しかし、それぞれの測定方法には、それぞれに問題や限界がある。その問題と限界は、心理学がかかえている問題と限界でもある。

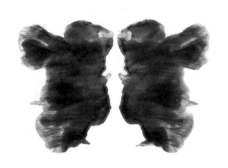

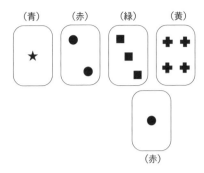

図 9-1　お好み焼きソースで作成した
　　　　ロールシャッハ・テストの模擬図版

図 9-2　ウイスコンシンカード分類
　　　　検査
<small>（カバーそでに、カラー版を表示）</small>

1）性格検査、知能検査、発達検査

　性格を測定する検査の方法には、質問紙法、投影法、作業検査法などがある。質問紙法を含めた性格検査は、調査以外の方法（実験など）でも用いるため、質問紙法と質問紙調査は同じではない。**質問紙法**では、尺度などを用いて、性格などを測定する。尺度は、複数の質問項目によって構成されている。代表的な尺度に、ミネソタ多面人格目録や NEO-PI（ビッグ・ファイブを測定。第 7 章「特性論」参照 86 頁）などがある。質問紙法では、性格だけに限らず、CES-D（抑うつ症状を測定）や STAI（不安を測定）などのように、精神状態も測定できる。

　投影法は、被検査者が作成した自由度の高い作品（絵など）や、あいまいな刺激に対する被検査者の言語反応などから、被検査者の性格などを推測する。最も代表的な投影法は、ロールシャッハ・テスト（コラム 15 参照）である（図 9-1 参照）。他には、主題統覚検査、バウム・テストなどがある。

　作業検査法は、比較的単純な作業をさせ（足し算など）、その成績によって性格などを測定する。知能検査は、第 7 章の「知能」（94 頁）およびコラム 11（97 頁）を参照してほしい。**発達検査**は、子どもの発達状況を把握する検査で、主に発達障害の選別（スクリーニング）として用いている。つまり、発達検査の目的は、知能検査の当初の目的と同じで、障害がある可能性

ロールシャッハ・テスト

ロールシャッハ・テストは、インクのシミを垂らしたような図版を見せ、被検査者の反応から精神状態を推測する検査方法である（図 9-1 参照）。ロールシャッハ・テストは、開発当初から現在に至るまで、科学者から批判され続けている。開発当初は、実施方法が検査者任せであり、標準化した検査方法や標準データの基準がないという問題があった（標準化されていない）。しかし、エクスナーによる包括システムによって標準化が行われ、この問題は解決した。そして、包括システムは、投影法の中で、最も蓄積したデータを持つようになった。

しかし、ロールシャッハ・テストの根本的問題は信頼性と妥当性にあり、これらの問題は解決していない。信頼性に関しては、評定者間の不一致が繰り返し指摘されている。質問紙法では、一般的に評定者間の不一致はない。知能検査では、評定者間で 0.90 以上の相関係数が報告されている（1.0 は完全な一致、1.0 に近似するほど評定者間で一致している程度が高い）。しかし、包括システムの場合、たとえばある報告では、少なくとも半数以上の項目に関して、評定者間で一致していなかった（エクスナーは、評定者間の相関は 0.85 以上であると報告している）。

妥当性の問題はさらに深刻である。最も批判を受けている問題は、ロールシャッハ・テストが精神疾患を鑑別できないという事実である。この事実は、1950 年代から十分な科学的データによって裏づけられている。たとえば、バークレイ大学の研究では、ロールシャッハ・テストによって、精神的問題のない健康な成人の 3 分の 2 を、精神的に問題があると判定した。カリフォルニア州で行った研究では、献血を受けた健康な成人のうち、知能検査や性格検査などによって問題がないと確認した 123 名を対象に、包括システムを実施した。その結果、問題のない成人の 20％を精神分裂病に関する指標で病的であると評定した。また、別の研究では、包括システムの専門家たちが、精神的に問題のない正常で健康な成人の 75％ を精神病者として診断した。同様の結果が繰り返し報告されている。加えて、1999 年には衝撃的事実が明らかになった。エクスナーが報告したロールシャッハ・テストの基準となるデータが、ねつ造（あるいは改ざん）されたものであるという証拠が次々と出てきた（上記の評定者間の相関も含んでいる）。つまり、標準的回答であるのか、標準から外れた回答であるのか、判断をする根拠を失ったのである。この問題は、2001 年にニューヨークタイムズ紙でも取り上げられた。

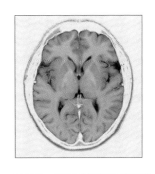 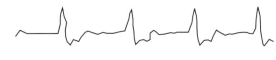

図9-3　著者の磁器共鳴画像　　図9-4　加速度脈波

のある子どもを抽出することである。日本では、津守式幼児精神発達検査や新版K式発達検査などがある。

2) 神経心理学的検査

　神経心理学的検査は、主に高次脳機能障害（言語、思考、記憶などの認知機能の障害）を判別する方法である。言語や記憶の検査としてウイスコンシン汎用検査やベントン視覚記銘検査、前頭葉（注意、思考、判断の中枢）の機能の検査としてウイスコンシンカード分類検査、認知症のスクリーニングとしてミニ・メンタル・ステート検査などがある。たとえば、**ウイスコンシンカード分類検査**では、異なる4色（青・赤・緑・黄）と異なる4つの図形（★●■✚）を組み合わせた128枚のカードを用いる。この128枚のカードのうち4枚のカードを見せ、1枚のカードを受け取る（図9-2およびカバーその図参照）。その1枚のカードを、あるルールにしたがって、4枚のカードのうちの1枚に分類する。正しいカードに分類すると、「正解」あるいは「不正解」のヒントが出る。たとえば、受け取ったカードが、図9-2のように、赤い丸がひとつだったとする。それを赤い丸が2つあるカードに分類し、正解した場合、ルールは「同じ色に分類すること」だとわかる。星がひとつのカードに分類し、正解した場合には、ルールは「同じ数に分類すること」だとわかる。不正解の場合、そのヒントを参考に、再びカードを分類しなお

す。ルールは予期することなく変わる。この検査では、主にどの程度不正解を繰り返したかに注目する。ウイスコンシンカード分類検査は、脳の実行機能のひとつであるシフティングの機能を測定している。実行機能とは、思考や行動を制御する認知機能であり、シフティングは、状況の変化に対応した行動を選択する機能である。

3）脳の測定方法

　生きているヒトの脳画像によって、脳の形態や機能を推測することができる。そのような方法には、X線CT、磁気共鳴画像（MRI）、ポジトロン放出断層撮影法（PET）、単光子放出断層撮像法（SPECT）、光トポグラフィ検査（NIRS）、頭皮脳波（EEG）などがある。たとえば、**磁気共鳴画像**（図9-3参照）は、脳の血流の変化をとらえ、血流に変化がある領域（つまり活動している領域）を画像にあらわすことができる。心理学では、何らかの課題をしている間、磁気共鳴画像を測定することで、脳の機能を推測している。たとえば、ウイスコンシンカード分類検査（シフティングを測定する課題）の最中に、脳のある領域（前頭葉）に血流の増加が見られたとする。すると、前頭葉は、シフティングに関与している領域であると推測できる。また、ある精神疾患患者にある課題をさせ、磁気共鳴画像を測定することで、その疾患と脳の機能障害との間に関係があると考えることができる。たとえば、ウイスコンシンカード分類検査の最中に、前頭葉の血流増加が、うつ病患者では観察できなかった場合（健康な人よりも、血流が増加していなかった場合）、うつ病患者は、前頭葉のシフティング機能に障害があると推測できる。しかし、現在の脳画像は、脳の特定箇所の活動を明確に測定しているわけではなく、活動しているおおよその領域しかわからない。

4）生理心理学的活動の測定

　生理心理学的活動の測定では、ヒトの体表から生理的活動を記録する。頭皮脳波、筋緊張（EMG）、皮膚電気活動、眼球運動、心血管系の活動（心拍

数や血圧）などが測定できる（図9-4参照）。生理的活動は、個人差が大きく、日内変動や個人の生活習慣などの影響を受ける。

5）その他

研究の対象をヒトから動物に変えることによって、倫理的問題などの理由から、測定できなかった神経生化学的活動を記録できる。たとえば、神経伝達物質（コラム3参照15頁）の働きに影響する薬剤を投与し、その神経伝達物質が行動に与える影響を調べることができる。また、遺伝子ノックアウト（特定の遺伝子を欠損させる）や遺伝子改変（特定の遺伝子を別の遺伝子に変える）をほどこした被験体を用いることで、特定の遺伝子が、行動に与える影響を調べることができる。オプトジェネティクスは、光をあて、特定のタンパク質の形を変えることで、神経細胞を興奮させたり、抑制させたりして、神経細胞の役割を測定できる。

（5）信頼性と妥当性

信頼性と妥当性は、操作（実験手続きと測定方法）の適切さをあらわす用語である。**信頼性**とは、実験手続きと測定方法の安定性や一貫性を意味する。つまり、信頼性は、何度測定・実験しても、誰が測定・実験しても、測定・実験の結果が、同じになるかどうかという指標である。たとえば、同じ検査を受けて、ある専門家は統合失調症だと診断し、別の専門家は健康だと診断する。この場合、この検査の信頼性は低い。信頼性は、標準化することによって、おおむね担保できる。標準化とは、誰でも同じ方法を用いることができるように、操作の仕方（いわゆるマニュアル）を、細部にわたって詳しく決めることである。測定方法の場合には、標準的な測定値（平均値）などを公開することも標準化に含まれる。

実験手続きと測定方法とでは、妥当性の意味が少し異なる。実験手続きの**妥当性**とは、操作をした変数（原因）だけが、結果に影響しているかどうか（内的妥当性）、実験で得た結果が、実験の条件以外にもあてはまるかどうか

（外的妥当性）の指標である。外的妥当性を具体的にいえば、「実験室の結果が、日常場面でもあてはまるかどうか」「高校生を対象にした研究ならば、その結果が成人にもあてはまるかどうか」などである。

測定の妥当性は、検査が測定しようとしている概念を、測定できているかどうかの指標である。具体的にいえば、「怒り尺度が、怒りを測定しているかどうか」「知能検査が、知能を測定しているかどうか」「定規は、長さを測っているかどうか」という問題である。たとえば、抑うつ傾向を測定するCES-Dは、以下のような研究によって、妥当性が担保されている。CES-D得点は、健康な人より、うつ病患者の方が高い。CES-Dの診断基準点を用いると、「うつ病である人をうつ病である」と正しく診断する確率（感度）は60%から100%、「健康な人をうつ病でない」と正しく診断する確率（特異性）は75%から95%である。また、CES-D得点は、うつ病患者の脳機能異常の程度、疲労の程度、自殺未遂の回数、睡眠時間などとの間に相関がある。

3　データの分析

心理学で使用している統計では、主に「変数間の差」（たとえば、男女の身長差）あるいは「変数間の相関（関係）」を計算する。変数間の差では、どの程度、変数間に差があるのか、差の大きさを数値化する。変数間の相関では、変数間の関連性の強さを数値化する（相関係数など）。それぞれの数値は、効果量と呼ばれている。

効果量とは別に、心理学では確率を用いて、「変数間の差や相関」が偶然に得たデータであるかどうかを推測する。少なくとも、生物（心理学も含む）を対象にした研究では、すべての研究対象について調べることはできない。たとえば、心理学の場合、ある仮説を確かめようとした時、世界中の人間を対象に研究できない。そこで、一部の人のデータ（標本）から、すべての人間（母集団）について推測する。**母集団**とは、調べようとする研究対象全体

であり、実際に研究に参加した人は**標本**である。標本から母集団を推測する方法が推測統計である。心理学では、その推測統計を用いている。

(1) 無作為抽出

推測統計を使うためには、いくつかの前提条件がある。まず、研究参加者を、無作為（ランダム）に選ばなければならない。この方法を**無作為抽出**という。たとえば、日本人の性格について調べるならば、参加者を日本人全員から無作為に選ぶ必要がある。大学生から参加者を選んだ場合、大学生と日本人の性質は同じではないため、日本人の性格ではなく、大学生の性格を調べたことになる。また、広告やインターネットなどで参加者を募集した場合（無作為ではない）、かたよった性格の人だけが、研究に参加することになる。たとえば、研究に参加したがる好奇心の強い人などである。しかし、心理学では、無作為に参加者を選ぶことはほとんどない。

(2) 統計的検定

生物を対象にした科学がそうであるように、心理学もまた、推測統計のひとつである統計的検定（単に検定）を用いている。**統計的検定**は、「変数間の差や相関は、偶然ではなかった」ことの根拠（統計的根拠）となる。たとえば、あるダイエットをした群は、ダイエットをしなかった群よりも、平均5kg減少したとする。しかし、そのダイエットの効果（5kgの差）は、偶然かもしれない。効果のないダイエットであっても、繰り返し研究を行えば、ダイエットの効果（偶然の差）は必ず出る。データは標本にすぎず、すべての人間（母集団）から得たわけではないからである。それゆえ、研究で得た差や相関が偶然ではなかったことを、統計的検定によって証明する（正確にいえば、これらの説明は正しくない）。注意すべきことは、統計的根拠は、科学的根拠と同じ意味ではないことである。統計的根拠があるからといって、科学的根拠があるとはいえない。統計的根拠は、科学的根拠を支えるひとつの指標にすぎない。

　統計的検定では、帰無仮説という便宜上の仮説を作る。帰無仮説は、実験や調査の「仮説」のことではない。**帰無仮説**は、「データが、偶然によって得たものであった」ということを意味する統計上の用語である。帰無仮説の多くは、「実験群と統制群との間に、差はなかった」あるいは「変数Aと変数Bとの間に、相関はなかった」となる。そして、実際に得たデータを分析し、その結果によって、統計的検定の判断をする。統計的検定の判断には、「有意である」「有意でない」がある。有意であった場合、帰無仮説を棄却する。つまり、「実験群と統制群との間に差はない」「変数Aと変数Bとの間に相関はない」という帰無仮説が誤っていると判断する。そして、「実験群と統制群との間に有意な差がある」「変数Aと変数Bとの間に有意な相関がある」という表現を用いて、統計的検定の結果をあらわす。有意でなかった場合は、帰無仮説を採択する（正確にいえば、このような判断の仕方は正しくない）。

1）統計的検定で、確かめることができないこと

　統計的検定では、「差がない」「相関がない」という実験や調査の仮説は、確かめることができない。なぜなら、「差がある」「相関がある」という帰無仮説が、成り立たないからである。たとえば、「血液型と性格との間に相関がある」という仮説は検証可能であるが、「血液型と性格との間に関係がない」という仮説は、統計的検定では検証できない。つまり、統計的検定では、血液型迷信を否定することはできない。

2）誤った判断をする確率

　統計的検定は、確率によって標本から母集団を推測しているため、誤った判断をする可能性がある。誤った判断には2種類ある。第一種の過誤（偽陽性）と第二種の過誤（偽陰性）である（表9-1）。結核の診断例をあげて説明する。第一種の過誤は、実際には「差がない」「相関がない」にもかかわらず、「差がある」「相関がある」と判断する確率である。実際には、結核では

表 9-1　第一種の過誤と第二種の過誤

検定結果 検査結果	帰無仮説が正しい 結核ではない	帰無仮説が誤り 結核である
帰無仮説を棄却 （有意である） 検査結果が陽性 （結核と診断）	第一種の過誤・偽陽性 実際には効果がないにもかかわらず、 効果があると判断する確率	感度 実際に効果がある場合、 その効果を検出できる確率
帰無仮説を採択 （有意でない） 検査結果が陰性 （健康と診断）	特異性 実際に効果がない場合、 効果がないと判断する確率	第二種の過誤・偽陰性 実際には効果があるにもかかわらず、 効果がないと判断する確率

ないにもかかわらず、結核だと診断する確率である。第二種の過誤は、実際には「差がある」「相関がある」にもかかわらず、「差がない」「相関がない」と判断する確率である。実際には結核であるにもかかわらず、健康であると判断する確率である。一般的に、第一種の過誤をおかす可能性を 5% 未満に設定し、5% より低い場合に、統計的に「有意である」と判断している。つまり、実験や調査などによって得た心理学の知見（発見）には、必ず、第一種の過誤と第二種の過誤が含まれており、間違った判断をしている可能性が常にある。

3）統計的検定と差の大きさ（相関の強さ）

「変数間に有意な差があること」は、「変数間の差が大きいこと」を意味しない。また、「変数間に有意な相関があること」は、「変数間の相関が強いこと」を意味しない。効果量が小さくとも（わずかな差、わずかな相関であっても）、標本数（研究参加者数）が多いほど、有意な差（有意な相関）を得やすくなる。標本数が多くなるほど、差や相関が偶然に生じる確率が低くなるからである。しかし、効果量（差の大きさや相関の強さ）は、標本数とは関係がない。

4)「有意」は仮説を支持したことにはならない

　「有意な差がある」「有意な相関がある」は、実験や調査の仮説が支持され
たことと同義ではない。たとえば、「認知行動療法が、うつ病の改善に効果
がある」という仮説を立てたとする。あるうつ病患者には認知行動療法を行
い、別のうつ病患者には薬物療法を行った。その結果、薬物療法より、認知
行動療法を行ったうつ病患者の主観的症状が改善した。具体的には、薬物療
法より、認知行動療法を行ったうつ病患者の CES-D（うつ症状を測定する質
問紙）の得点が、平均で4点、多く改善し、両者の得点の差が有意であった。
有意であった結果が仮説を支持しているならば、わずか4点の違いしかない
にもかかわらず、「認知行動療法が、うつ病の改善に効果がある」という仮
説を支持したことになる。うつ病患者が大学や職場に行くことができるよう
になったならば、うつ病患者にとって、その治療は効果があったかもしれな
い。しかし、わずか4点の違いが、うつ病を改善したといえるだろうか（補
講「科学的発見と日常生活での意味」参照202頁）。しかし、心理学の多くの研
究では、実際には、ほとんど意味のない差や相関が、有意だったというだけ
で、仮説が支持されたと主張している。

本章に関連のある重要な人名・学術用語

疫学、カウンターバランス、科学哲学、仮説演繹法、疑似科学、欠損値、個人方程式、
事前事後テスト、従属変数、縦断的研究、単一被験者研究、独立変数、プラセボ、ベー
スライン、マッチング、無作為割り当て、論理実証主義

ローゼンハンの反精神疾患診断

　スタンフォード大学のローゼンハンは、精神疾患の診断に疑問を抱いていた。精神分裂病（現在では統合失調症）、躁うつ病、うつ病などの診断は、患者の訴えと医師による問診によって行っていたからである。そこで、ローゼンハンは、精神科医による精神分裂病の診断が妥当かどうか、調査することにした。1972 年、ローゼンハンと正常で健康な 7 名の協力者が、精神分裂病を装って複数の病院を受診した。そこで、彼らは、「ドサ」という声が聞こえると訴えた。「ドサ」という声が聞こえる症状は、精神分裂病の典型的症状ではなく、彼らは意図して虚偽の症状を医師に告げた。しかし、それ以外は嘘をつかなかった（名前と職業は偽った）。精神科医による問診の結果、ローゼンハンらは入院することに成功した。入院が決まると、彼らはすぐに「声は聞こえなくなった」と訴えた。しかし、彼らは退院できなかった。

　この出来事は、1973 年、権威ある科学雑誌 Science 誌に掲載された。ローゼンハンの報告は科学的方法ではなかったが、精神医学界に大きな動揺をもたらした。ローゼンハンを痛烈に批判する研究者もいた。ある精神病院は、ローゼンハンに挑戦状をたたきつけた。「3 か月間、偽者の患者を何名でも送りつけて下さい。その患者を見破ってみせましょう」と。3 か月後、その病院は「193 名のうち 41 名の偽者の患者を見破った」と報告した。しかし、ローゼンハンは、その病院に 1 名の患者も送り込んでいなかった。

　統合失調症、躁うつ病、うつ病などの精神疾患には、現在でも、医師の経験や患者の主観に頼らない客観的な診断基準は存在しない。世界保健機構（WHO）の「疾病及び関連保健問題の国際統計分類」（ICD）やアメリカ精神医学会の「精神疾患の分類と診断の手引書」（DSM）などの診断基準に基づいて、診断している。しかし、その診断もまた、患者の訴えと医師の問診によるものである。研究レベルでは、精神疾患を客観的に診断するために、脳画像や遺伝子解析を利用した試みを模索しており、一定の成果を上げている。たとえば、精神疾患のリスクや早期発見による治療などがある。しかし、現状では、臨床に汎用できる診断技術は開発されていない。

　2,000 名以上の女性医師を対象にした研究では、およそ 5 割の女性医師が、何らかの精神疾患の基準に合致していたにもかかわらず、治療を受けていなかった（2016 年 General Hospital Psychiatry 誌で発表）。精神疾患の診断と治療を考える際に、この研究結果は示唆に富む。

応用

第10章
人間関係

　人間関係は、友人関係、親子関係、恋人関係など、関係の種類によって異なり、それぞれの関係において、いろいろな理論が存在する。しかし、この章では、それぞれの関係の種類ではなく、関係の形成に焦点をあて、その形成に関するさまざまな理論や現象について紹介する。読者には、国際社会に適応するためにも、特にステレオタイプが偏見や差別を生む過程について、学びを深めてほしい。本章は、決して、いのりっくまねる大西沙織の人間関係について、説明する章ではない。

1　人間関係の始まり

　人間関係が始まるきっかけ、そのきっかけに影響する対人魅力、印象形成、印象を歪（ゆが）める要因について紹介する。まず、好意を持たれる（あるいは、友だちになりやすい）、すなわち対人魅力の規定要因を表10-1にまとめた。いずれも、よく知られている対人魅力の規定要因である。

(1) 印象形成

　同調の研究でも有名な**アッシェ**は、実験参加者に、架空（かくう）の人物の特徴を書いたいくつかの形容詞を読みあげ、参加者にその人物の印象を聞いた。すると、参加者は、最初に読みあげた特徴（形容詞）に強い影響を受け、その人物の印象を決定した。読みあげる順番を逆にしても、最初に読みあげた特徴が、その人物の印象に強い影響を与えた。つまり、最初に読みあげた特徴が、

表10-1　関係初期において対人魅力を高める要因

規定要因	説明と代表的な実験例
性格	好意的な性格である。アンダーソンの調査
身体的魅力	好ましい外見である。
近接性	物理的に近い。たとえば、同じクラスの人と友だちになりやすい。フェスティンガーの入居場所調査
単純接触	会う回数が多い（何度も会うと仲良くなる）。ザイアンスの単純接触効果
類似性	態度や性格が似ている。ニューカムの新入生調査
社会的評価	他者からの評価が高い。
好意の表明	「相手が自分に対して、好意がある」という情報を得る。あるいは、相手が肯定的な態度で接する。

その人物の全体の印象を決定づけたわけである。アッシェは、この現象を**初頭効果**と呼んだ。この結果は、印象を決める時、第一印象が重要であることを意味している。

　さらに、アッシェは、上記と同様の方法を用いて、架空の人物の印象を聞いた（架空の人物の特徴を示したいくつかの形容詞を使った）。アッシェは、この研究から、人物の全体印象を決定する特徴（中心特性）と、全体印象にあまり影響を与えない特徴（周辺特性）があることを発見した。そして、人物の全体の印象は、中心特性によって決定し、その全体の印象に基づいて、個々の特徴が決定することを発見した。このようなアッシェの考えは、ゲシュタルト心理学の影響を受けたものである（ゲシュタルト心理学は、心理学の考え方のひとつで、心理的現象を、個々の要素の集まりではなく、全体としての動的形態としてとらえる）。

(2) 印象を歪める

　印象を歪める原因として、期待効果とステレオタイプを紹介する。

1) 期待効果

　ケリーの実験では、これから会う臨時講師の紹介文を学生に配布した。ある学生に配布した紹介文には「温かい」と書いていたが、別の学生の紹介文には「冷たい」と書いていた。それ以外の紹介文の内容は同一であった。そして、その講師を実際に紹介したあと、講師の印象を学生に評価させた。すると、「温かい」と書いていた紹介文を読んだ学生は、「冷たい」と書いていた紹介文を読んだ学生よりも、講師に対する印象がよかった。この実験では、臨時講師に会う前から、人物の印象が決まることを意味している。このような現象を、印象形成における期待効果という。

2) ステレオタイプ

　人は、経験を通じて、信念や知識の枠組みである**スキーマ**を形成する。そして、そのスキーマにしたがって、さまざまな判断をしている。人物の印象も同じである。たとえば、優秀な成績や業績のある人に対して、スキーマに基づいて、競争心が強く、独立心が高く（他社に転職する）、協調性に乏しく、他者に厳しい（学生に厳しい）などと判断する。このように、ある人物の性格を、その人物の行動や外見など（上記の場合は成績や業績）と関連づけるスキーマを**暗黙裡の人格観**という。

　ある集団や社会に対するスキーマ（信念や知識の枠組み）を、特に**ステレオタイプ**という。スキーマは個人によって異なるが、狭い意味でのステレオタイプは、比較的多くの人に共通している。たとえば、「女だから管理能力がない」「黒人だから劣っている」などの発言は、典型的なステレオタイプである。ある実験では、白人と黒人の暴力行為を観察した参加者が、白人の暴力より、黒人の暴力の方が暴力的であり、危害が大きかったと報告した。また、ステレオタイプは自動化し、意識することなく作用することがある。つまり、意識しなくとも、「女だから管理能力がない」「黒人だから劣っている」と考えてしまう。たとえば、ある実験では、コンピュータを用いて、長時間、単純な課題をさせた。その課題の最中に、極めて短い時間（閾下）、

白人あるいは黒人の顔写真を見せた。短い時間とは、その写真を見たと知覚できない程の時間である。そして、課題の最中に、突然、「コンピュータ・エラ」という文字が画面に登場し、もう一度、最初から課題をやり直すように指示した。この時の参加者の言動（表情など）を分析すると、白人の写真を見た参加者より、黒人の写真を見た参加者の方が、より敵意のある行動をしていた。

さらに、ステレオタイプによる差別や偏見は、ステレオタイプ脅威を生む。**ステレオタイプ脅威**は、所属する集団や社会に対する否定的なステレオタイプを意識することよって、実際にそのようになる現象である。スティールとアロンソンの実験では、実験参加者の大学生が、難しい試験を受けた。「試験は、知的能力を測るものではない」と伝えた場合、白人大学生と黒人大学生との間に成績の差はなかった。しかし、「試験は、知的能力を測るものである」と伝えると、黒人大学生の成績は、白人大学生の成績よりも低くなった。つまり、「黒人は白人よりも劣っている」というステレオタイプが、実際に、黒人の成績を下げたのである。

ステレオタイプは、複雑な情報を単純化したり、カテゴリー化したりすることで、情報を理解する手助けになる。しかし、そのような行為は、上記のように、差別や偏見に直接つながる。意識することなく、ステレオタイプに基づいて、人を評価するからである。それゆえ、アメリカなどの教科書では、ステレオタイプの説明に多くのページをさいている。

2 人間関係の発展

(1) 自己開示

　自己開示は、自分の情報を他者に伝えることであり、人間関係を深める手助けになる。自己開示はジェラードによって体系的に研究され、その後、アルトマンとテイラーの社会的浸透理論によって理論化された。社会的浸透理論は、自己開示が人間関係の発展に与える影響についての理論である。

　通常、自己開示の内容は、関係が深まるにつれ、特定の話題から幅広い範囲の話題（たとえば、趣味の話から、外見、友人関係、精神的側面などについての話）、表面的な話題から深い話題になる。しかし、自分の話をするだけでは、関係は深まらない。開示された側も、自分の話をする必要がある。このような現象を**自己開示の返報性**という。狭い意味での自己開示の返報性は、表面的な自己開示には表面的な開示を、より深い開示にはより深い開示をするように、同程度の自己開示を返すことである。また、現実社会では、自己開示は、必ずしも関係を深めるとは限らない。自己開示によって好意を持たれるためには、自己開示の内容やタイミングが、適切でなければならない。初対面で、深刻な悩みを打ち明ける人に対して、多くの人は好意を持たないだろう。また、自己開示の量や深さには、個人差がある。一般的には、男性より女性の方が、自己開示の量が多く、深い自己開示を行う。

　自己開示には、関係を深めたり、調節したりする以外に（自己開示の量や深さを変えることで、心理的距離を調整する）、自分の感情や衝動をおもてに出したり、自分の意見を明確にしたり、他者の反応を見て自分の態度を修正したりする機能もある。

(2) 自己呈示

　自己呈示は、自己開示と似ているが、同じではない。**自己呈示**は、良い印象（悪い印象の場合もある）を与えるために、意図的に行う言動をいう。自己呈示は、他者からどのように見られているかに焦点をあてている。一方、自己開示には、自分の印象を意図的に操作するという意味はない。また、自己開示とは異なり、自己呈示は、必ずしも関係を深めるための行動とは限らず、別の目的のために行う場合が多い。

　自己呈示の具体例を、主張的自己呈示と防衛的自己呈示に分けて説明する。**主張的自己呈示**は、特定の印象を与えるために、積極的に行う言動である。主張的自己呈示には、取り入り（気に入られようとする。世辞、意見の同調、親切な行為）、威嚇（恐怖心を持たせる。おどかす）、自己宣伝（能力のあること

を主張する）、示範（道徳的人間と思わせる。自己否定、献身的努力）、哀願（弱い立場であることを主張する。自己非難、援助の懇願）などの方法がある。**防衛的自己呈示**は、否定的印象を与える可能性がある場合（あるいは、実際に否定的印象を与えた場合）に、その印象を変える目的で行う。防衛的自己呈示には、弁解と正当化、謝罪、セルフ・ハンディキャップ、栄光浴現象などの方法がある。**セルフ・ハンディキャップ**は、否定的印象を与える前に、自分がどれほど不利な立場であったかを主張する方略である。たとえば、試験に合格する見込みがないため、試験時間に大幅に遅れて、試験を受けることなどをいう。栄光浴現象は、否定的印象を与えてしまった場合、肯定的印象のある人物や集団・社会との結びつきを強調したり、逆に、否定的印象のある人物や集団・社会との結びつきを否定したりすることをいう。

3　人間関係の始まり・発展・崩壊の理論

(1) 評価条件づけ

　人は、報酬に対して好意を示す（無条件反応）。そして、繰り返し報酬を与えると、報酬を与えた人物（条件刺激）に対して、好意的に評価するようになる（条件反応）。このような古典的条件づけ（第4章「古典的条件づけ」参照 51頁）によって、人物の評価を形成する（変化する）学習を**評価条件づけ**という。たとえば、あなたを繰り返しほめる人物（条件刺激）に対して、あなたは好意的に評価するようになる（条件反応）。商品（条件刺激）と一緒に、好感度の高いタレント（無条件刺激）を、テレビCMで繰り返し流すことによって、商品の評価が高くなる（条件反応）ことも、評価条件づけである。

(2) 認知的斉合性理論

　認知的斉合性理論は、1950年代から発表された理論の総称であり、それらの理論には、以下のような共通点がある。基本として、「全体の安定性を維持する力が作用している」ことを仮定している。安定しているということ

は、認知の斉合性を保っている状態であり、認識している内容の「つじつま」が合っている状態である。しかし、認知の斉合性がくずれると、斉合性を取りもどそうとする。代表的な認知的斉合性理論には、ハイダーの認知的バランス理論と、フェスティンガーの認知的不協和理論がある。

1) P-O-X モデル

ハイダーの認知的バランス理論のひとつに、**P-O-X モデル**がある。Pはある人物、OはPと関係のある他者、XはPとOの両者と関係のある対象である（図10-1参照）。プラスは肯定的感情、マイナスは否定的感情である。3つの符号（プラスあるいはマイナス）の積（かけ合わせた符号）がプラスの場合、P、O、Xの関係はバランスがとれているが（均衡）、マイナスの場合

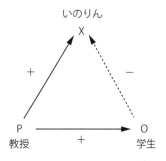

図 10-1　P-O-X モデルにおける不均衡状態

は、バランスがくずれている（不均衡）。不均衡状態は心理的緊張を生む。そして、緊張をやわらげるために、どこかの符号を変えようと動機づける。

たとえば、Pを教授、Oを学生、Xを「MELODY FLAG」のパーソナリティであるいのりんだとする。図10-1は符号の積がマイナスであり、不均衡状態にある。均衡状態にするために、教授が学生を嫌いになるか（P→Oがマイナスになる）、教授がいのりんを嫌いになるか（P→Xがマイナスになる）、あるいは、学生がいのりんを好きになるか（O→Xがプラスになる）、いずれかの反応が起こる。もし、教授と仲良くしたいなら、教授が学生を嫌いになる前に、学生がいのりんを好きになればいい。

2) 認知的不協和理論

認知的不協和理論は、1957年に**フェスティンガー**が提唱した理論である。フェスティンガーは、ある認知とある認知との間に生じる矛盾を、不協和と

呼んだ。そして、不協和状態にある時、その不協和を解消する動機づけが生まれると考えた。あなたが講義に欠席したとする。そして、あなたは、その講義が重要な講義だと思っていたとする。この2つの認知の間には、不協和があるので、どうにかして、その不協和を解消したいと思うようになる。不協和を解消する方法には、以下の方法がある。第一に、認知の重要性を低めることである。上記の不協和の例でいえば、「講義に欠席したことは、たいした問題ではない」と考える。つまり、講義に欠席したことが重要だと思っていることが、不協和を生むのだから、講義に欠席したことの重要性を下げれば不協和が解消する。第二に、新たな認知を加える方法である。いい換えれば、都合のいい情報を入手することである。たとえば、その講義に出席しなくても単位をもらえる、という情報を友だちから聞き出す。すると、講義に出席する価値が下がる。そして、その情報は、講義を欠席したことに正当性を与える。第三に、認知の一方（あるいは両方）を変える方法である。たとえば、講義を重要だと思わないことである。つまり、単位はあきらめ、落第してもかまわないと思うようにする。そうすることで、講義に欠席するという認知と矛盾しなくなり、不協和が解消する。

　フェスティンガーは、大学生に以下のような実験をした。まず、長時間、非常に退屈な作業をさせた。作業が終わったあと、ある大学生には、「この作業は面白かった」と、他の人物（サクラ）に伝えるように指示した（嘘をつかせた）。一方、別の大学生（実験参加者）には、サクラと会わせなかった。その後、大学生に、作業や実験に対するいくつかの質問をした。すると、嘘をついた大学生は、嘘をつかなかった大学生より、作業が面白いと回答した。つまり、嘘をついた大学生では、退屈な作業をしたという認知と、「作業が面白い」といった認知との間に不協和が生じた。その不協和を解消するために、「作業は面白いものだった」と認知を変えたのである。類似した別の実験では、長時間の退屈な作業が終わり、サクラに「作業は面白かった」と嘘をつかせた。そのあと、ある大学生には報酬として1ドル与え、別の大学生には20ドル与えた。そして、作業や実験に対する質問をした。20ドルも

らった大学生は、1ドルもらった大学生より、実際の作業はつまらないと回答した。20ドルもらった学生は、嘘をつくために十分なお金をもらったため、嘘をついた行動を正当化できた。その結果、不協和は小さくなり、退屈な作業を面白くないと回答できた（認知を変えなくてもよかった）。

(3) 社会的交換理論

社会的交換理論は、他者とのやり取り（社会的交換）において、「人間は、その関係から得ることができる「成果」を、最大にしようと動機づけられる」という考えに基づいている。単純にいえば、損得勘定によって、関係を深めたり、関係を続けたり、関係を終わらせたりする。社会的交換理論は単一の理論ではなく、ルズバルドの投資モデル、チボーとケリーの相互依存理論、アダムスの衡平理論など、複数の理論の総称である。ここでは、相互依存理論と衡平理論を紹介する。

チボーとケリーの**相互依存理論**では、ふたりの関係を以下の公式であらわす。

$$成果 ＝ 報酬 － コスト$$
$$関係満足感 ＝ 成果 － 比較水準$$
$$成果 ＞ 選択比較水準 ➡ 関係を続ける$$
$$成果 ＜ 選択比較水準 ➡ 関係を終わらせる$$

報酬は、当該関係（ふたりの関係）から得ている利益である。利益には、物質的利益（お金など）だけでなく、精神的利益も含む。コストは、当該関係による損失である。損失もまた、物理的損失だけでなく、精神的負担や時間の損失を含む。比較水準とは、「当該関係から、当然得ることができるはずだ」と思っている成果である。たとえば、ある異性と交際している場合、その異性から「多くのプレゼントをもらえるに違いない」と思っていたとする。それが比較水準である。一方、選択比較水準とは、当該関係とは別の関係から得ることができる成果の可能性である。つまり、当該関係ではなく、

表 10-2　アダムスの衡平理論

当該関係の利益（左辺）と別人物との関係の利益（右辺）	利得状態
結果 ÷ コスト ＞ 結果 ÷ コスト	過大利得状態
結果 ÷ コスト ＝ 結果 ÷ コスト	衡平状態
結果 ÷ コスト ＜ 結果 ÷ コスト	過小利得状態

別の関係ならば、○○程度の成果を得ることができるだろうと考えることをいう。その○○が、選択比較水準である。たとえば、交際している異性ではなく、「別の異性と交際していたら、より多くのプレゼントをもらえたはずだ」と考えていたとするなら、その考えが、選択比較水準である。もちろん、「より少ないプレゼントしかもらえない」という考えもまた、選択比較水準である。それゆえ、当該関係から、選択比較水準を上回る成果を得ることができなければ、関係を続ける意味がなくなり、関係は終わる。

　アダムスが体系化した**衡平理論**では、報酬の代わりに「結果」、コストの代わりに「投入」を用いる。そして、ふたりの公平性の関係を、表 10-2 のようにあらわす。別の人物から得ることができる利益（結果÷コスト）より、当該関係から得ることができる利益が大きい場合、当該関係は過大利益状態になる。過大利益状態では、その関係に罪悪感を持つかもしれない。逆の場合は過小利益状態であり、その関係に怒りを感じるかもしれない。このように、不衡平状態は、心理的緊張を生む（過大・過小利得状態は、罪悪感や怒りなどを生む）。その緊張状態を和らげるために、当該関係の不衡平を解消したり、当該関係を終わらせたり、比較対象を変えたりする。当該関係の不衡平を解消するためには、「結果」あるいは「コスト」を増減する。

本章に関連のある重要な人名・学術用語

アンダーソンの情報統合理論、親近効果、ソーシャルサポート、ニューカムの A-B-X モデル、非言語コミュニケーション、フィルター理論、ブリューワーの印象形成二過程理論、ペネベイカー、マースタインの SVR 理論

コラム 17　つり橋効果と釣り合い仮説

つり橋効果

　つり橋効果については、「シャクターの二要因説」（27頁）で、錯誤帰属（さくごきぞく）の一例として説明した。つり橋実験では、参加者は不安定なつり橋をわたることによって心拍数が上がり、つり橋の先で出会った面接者（サクラ）に対して好意を持った。つり橋実験が発表されると、ホワイトがランニングをさせる実験を行った。男性参加者がランニング（2分間か15秒間のいずれか）をしたのち、これから会って話をする女性のビデオをみた。そして、その女性に対する好感度を回答した（デートやキスをしたいかなど）。女性のビデオには、容貌（ようぼう）が美しい女性とそうではない女性の、いずれかの女性が映っていた。その結果、美しい女性のビデオをみた場合、2分間ランニングをした参加者は、15秒の参加者よりも、女性に対する好感度が高かった。一方、そうではない女性のビデオをみた場合、逆の結果になった。この実験は、一定以上の魅力を持つ女性に対してのみ、つり橋効果があることを示している。

釣り合い仮説

　釣り合い仮説は、関係の初期段階で、社会的望ましさ（特に身体的魅力や容貌（ようぼう））が同程度の人どうしが、カップルになる現象である。ウォルスターらのコンピュータ・ダンス実験では、チケット代金を払った大学生が、コンピュータの選んだダンス相手と話をした。そして、そのダンス相手の好感度（デート相手としての望ましさ）を評価した。その結果、身体的魅力の高い大学生ほど、デート相手に身体的魅力が高い異性を望んだ。しかし、「自分の魅力と同程度の魅力を持つ異性を選択する」という仮説は支持されなかった。

　オンラインデートの研究では、オンラインデートに登録している人物のうち、ユーザーが実際にやり取りをした異性の写真、やり取りをしなかった異性の写真、そしてユーザー自身の写真の好感度（デートをしたい程度）を、第三者が評価した。第三者による好感度の高いユーザーでは、やり取りをした異性の好感度が、やり取りをしなかった異性の好感度よりも高かった。つまり、魅力的なユーザーは魅力的異性を選んだ。しかし、好感度の低いユーザーでは、やり取りをした異性と、やり取りをしなかった異性との好感度に違いはなかった。つまり、オンラインデートでも、同程度の身体的魅力を持つ者同士が、カップルになるわけではなかった。このように、釣り合い仮説を支持する研究は極めて限られている。

第11章
社会的行動

　社会で生活する人間の行動として、攻撃性、社会的推論、社会的態度について紹介する。読者には、特に攻撃を起こす仕組みを理解し、われわれがいまだに達成できていない、争いのない社会を作るために、何らかのヒントを得ることを願っている。

1　攻撃性

(1)　動因としての攻撃性

　「攻撃性は本能行動である」という考え方は、古くからある（第1章「本能行動」参照10頁）。たとえば、社会心理学者のマクドゥーガルは、攻撃性を本能行動のひとつと考えた。精神分析（第7章「精神分析」参照92頁、第12章「精神分析」参照157頁）の創始者であるフロイトは、死の本能としてタナトスを考えた。タナトスとは、他者に向けた攻撃性が、自己に向かう衝動であり、その究極の形が、自分自身の死を望むことである。また、動物行動学では、**ローレンツ**や**ティンバーゲン**などによって、攻撃は、縄張りを守るために、生得的に備わった本能行動とみなされている（両者は1973年に動物行動学の研究でノーベル生理学・医学賞を受賞した）。たとえば、オスのイトヨ（魚類の一種）は、繁殖期になると腹部が赤くなる。腹部が赤いオスが自分のなわばりに侵入すると、そのオスを攻撃する。繁殖期であり、かつ腹部が赤いオスでなければ、イトヨは攻撃しない。ローレンツとティンバーゲンは、攻撃行動が起こるためには、内的状態である**動因**（繁殖期）と、攻撃をうな

がす外部刺激である**触発刺激**（腹部が赤いこと）が必要であると考えた。触
発刺激は、信号刺激あるいは鍵刺激ともいう。

　このような生得的な攻撃行動は、チンパンジーやボノボ（ヒトに最も近い
種）でも観察されている。たとえば、チンパンジーは、同種間の殺し合いや
共食いをする。2014 年 Nature 誌に発表したチンパンジーの研究では、相手
に致命的な傷を与える暴力は、食べ物や配偶者などの資源を得るための生得
的行動であると報告している。この研究では、「チンパンジーの暴力が、人
間の森林伐採などの人為的影響によって生じる」という仮説を裏づける根拠
がなかったことも報告している。

　イエール大学の**ダラード**は、あらゆる攻撃は、フラストレーション（欲求
不満）によって起こるという仮説を考えた。この仮説では、人はフラスト
レーションによって、攻撃したいという動因が起こり、攻撃することによっ
て、フラストレーションを解消する（動因がなくなる）。この仮説は、**フラス
トレーション攻撃仮説**という。フラストレーションは、必ずしも攻撃に結び
つくとは限らないが、気温の高い日が続くと、殺人、暴行、強姦などの攻撃
行動が増える。たとえば、2013 年 Science 誌に発表した論文では、これま
での気候と紛争との関係を調べた研究をまとめ、気温が 1 標準偏差上がると、
殺人、暴行、強姦などの犯罪が14%、紛争が 4% 増加すると報告している。

　しかし、過密状態の研究では、フラストレーションが、攻撃性を低めると
いう報告もある。満員電車や混雑したエレベーターなど、密集した状況では
ストレスを感じ、フラストレーションがたまる。フラストレーション攻撃仮
説が正しいとすると、このような状況では、攻撃行動が増える。ある研究で
は、小さなゲージに多くのラットを入れ、中央にえさ場を作った。すると、
中央のえさ場に多くのラットが集まり、殺し合いや共食いを始めた。しかも、
周辺にいたラットまでが、中央に移動して、殺し合いに加わった。フラスト
レーション攻撃仮説の予測どおりになった。しかし、ヒトを含む霊長類の研
究では、逆の結果になる。たとえば、過密状態にしたサルは、そうではない
サルと比べて、攻撃行動が少なくなった。また、過密状態のサルの方が、ス

トレスの程度は強かった。つまり、過密状態のサルは、フラストレーション
を感じていたにもかかわらず、他個体を攻撃しなかったのである。また、エ
レベーターに多くのヒトを乗せると、ヒトはトラブルを避けるために、交流
を避け（話をしたりすることをやめる）、じっとしている。ヒトだけでなく霊
長類でも、過密状態になると、トラブルを避ける行動をする。つまり、フラ
ストレーションを感じると、逆に、攻撃行動が減る。

　そもそも、フラストレーションが原因で攻撃するならば、実際に攻撃する
ことで、フラストレーションが低下し、攻撃したいと思わなくなるはずであ
る。しかし、ヒトの実験室実験では、そのような現象は、ごく限られた状況
でしか起こらない。たとえば、成人の研究では、攻撃することによって、む
しろ、攻撃した人の攻撃性が、さらに高まることが報告されている（報復さ
れない場合）。

(2) 観察学習

　ヒトの攻撃性を説明する最も有力な考え方は、**バンデューラ**が体系化した
社会的学習理論である（第5章「観察学習による模倣」参照67頁）。**社会的学
習理論**では、他者（モデル）の攻撃行動を模倣する（まねする）ことで、攻撃
行動を学習する。さらに、モデルの攻撃行動を強化することによって（望ま
しい結果を得ることによって）、観察者の攻撃行動が増える。このような学習
方法を**観察学習**という。すなわち、観察学習では、攻撃は、動因によって生
まれる行動ではなく、モデルの行動を模倣することによって、獲得する行動
である。バンデューラは、フラストレーション状況で起こる攻撃行動は、フ
ラストレーション状況で行った攻撃行動が強化されたためである、と主張し
た（攻撃によって望ましい結果を得たため、さらに攻撃行動をするようになった）。

　攻撃行動が模倣によって学習することを示した古典的研究に、バンデュー
ラらのボボ人形実験がある（1963年）。この実験では、大人（モデル）がボボ
人形（大型人形）を投げ飛ばしたり、木槌でたたいたりする様子を、幼稚園
児に見せた。大人の行動には、幼稚園児が思いもつかないような奇抜な攻撃

行動もあった。たとえば、ボボ人形のうえにまたがり、鼻にパンチをしたり、ボボ人形を空中に投げてけったりした。また、「鼻を殴れ……、けっとばしてしまえ……」などともいった。すると、幼児は、細かい点まで、大人の攻撃行動（奇抜な行動を含め）を模倣した。大人の攻撃行動を、子どもの目の前で見せた場合だけでなく、映像や漫画を利用して、子どもに見せた場合も同様に、子どもは大人の攻撃行動を模倣した。また、幼児や児童の実験によって、モデルの攻撃行動の結果（報酬を得たり、罪を受けたりすること）が、観察者の模倣の程度に影響を与えることも、繰り返し報告されている。たとえば、モデルが攻撃することで、モデルが称賛されるなどの報酬を得た場合、観察者（子ども）の模倣は増加する。しかし、仕返しされたり、批判されたりするなど、モデルが罰を受けた場合、観察者の模倣は減少する。

　小学校低学年の児童を対象に、10年にわたって、テレビの暴力映像の視聴時間と攻撃行動との関係を調べた研究がある。その研究では、暴力番組を好んで見ていた児童は、そうではない児童と比較して、成人になった時（10年後）の攻撃性が高くなった。その傾向は、研究開始時の児童の攻撃性を統制したあとでも、変わらなかった。もともと攻撃的で、好んで暴力番組を見ていた子どもが、青年になっても暴力的だったのかもしれない。しかし、そのような可能性を取り除いても、暴力番組を視聴し続けることによって、暴力的な青年になった。この研究に限らず、「暴力映像の視聴や暴力的ゲームの利用が攻撃性を増す」という一貫した科学的根拠は、積み重なっている。このような研究を受けて、2015年、アメリカ心理学会は、「幼いころに、長期間、暴力的なビデオゲームをしていると、性別に関係なく、暴力的行為を含む攻撃性が増加し、向社会的行動、共感、攻撃性に対する敏感さなどが低下する」と警告している。

（3）一般的攻撃性モデル

　アンダーソンらは、**一般的攻撃性モデル**によって、攻撃行動が生まれる仕組みを説明した。一般的攻撃性モデルは、社会的学習理論（第5章「観察学

コラム 18　アイヒマン実験とスタンフォード監獄実験

アイヒマン実験

　ミルグラムは実験参加者を 2 名 1 組にし、クジによって一方は教師役、もう一方を生徒役にした。しかし実際には、すべての参加者が教師役に、サクラ（47 歳の経理職員という設定）が生徒役になるように仕組まれていた。実験者は生徒役のサクラは単語を記憶し、教師役の参加者にはサクラが間違えるたびに罰（電気ショック）を与えるよう告げた。サクラは好感を与えるように、穏やかに振舞った。参加者の目の前には 30 個のレバーがあり、電圧が書いてあった（15V から 450V まで 15V 刻み）。また、4 つのレバーは 1 組になっており、それぞれに「かすかなショック」「中程度のショック」「強いショック」「非常に強いショック」「強烈なショック」「きわめて強烈なショック」「危険：ひどいショック」、最後の 435V と 450V のレバーには「××××」と書いてあった。レバーをあげると装置が作動し、サクラに電流が流れる仕組みになっていた（実際には、電流は流れないが、参加者は電気ショックが流れると思った）。

　参加者には、サクラが間違えるたびに、電圧をあげるよう指示した。参加者が電気ショックを加えることに躊躇すると、実験者は「続けてください」「実験のために続ける必要があります」「続けることが絶対に必要です」と伝えた。生徒役のサクラは、75V まで不快感をほとんど表さなかったが、120V になると電気ショックが苦痛であることを大声で訴え、135V でうめき声を発し、150V で絶叫し、「実験をやめたい」と口にした。300V を超えると実験室の壁をたたき始め、330V を超えると反応がなくなり、記憶課題にも反応しなくなった（そのような演技をした）。

　実験に先立って、精神科医は、300V 以上の電気ショックを加える参加者は 4% 以下であり、最終レベルの 450V の電圧を加える参加者は 1,000 名に 1 名であると予測した。しかし、結果は精神科医の予測を裏切るものだった。参加者 40 名のうち 25 名（62.5%）が 450V の電気ショックを流した。300V 以上の電流を流した参加者は 31 名（77.5%）、150V 未満（サクラが「実験をやめたい」と言った電圧）の電流しか流さなかった参加者はわずか 1 名であった。この実験は、条件と参加者を変えて何度も行われた。生徒役のサクラが実験者に「心臓が悪いと医者に言われている」と告げた条件（参加者もそれを聞いている）でも、40 名のうち 26 名の参加者（65%）が、サクラが女性であっても、40 名のうち 26 名の参加者（65%）が 450V

の電気ショックを加えた。この2つの条件を通じて、150V未満で実験を中止した参加者はわずか1名であった。実験後、「実験に参加したことを非常に喜んでいる」あるいは「喜んでいる」と回答した参加者は、全体の83.7%を占めていた。「悔やんでいる」あるいは「非常に悔やんでいる」と回答した参加者は、わずか1.3%であった。

ミルグラムのこの実験は、ナチスドイツのアイヒマンの名前をとって**アイヒマン実験**という。アイヒマンはユダヤ人大量虐殺の主導的責任のある立場にあり、残虐な人物だと考えられていた。しかし実際には、気の弱い人間であり、上官の命令に従って行動していただけであった。このアイヒマン実験は、状況によって、人が残虐な行動をすることを示唆している。

スタンフォード監獄実験

この実験の実験者は、健康で精神的に問題のない21名を実験参加者に選んだ。そして、参加者を無作為に囚人役（10名）と看守役（11名）に分け、囚人役と看守役にそれぞれの役割をはたすように指示した。実験初日、警察官が囚人役の参加者を逮捕し、大学の地下室を改造した刑務所に連行した。そして、囚人役の参加者の服を脱がせ、囚人服と囚人番号を与えた。看守役の参加者には制服を与え、刑務所の秩序を守るように指示した。しかし、決して暴力を振るってはならないと告げた。実験2日目、囚人はバリケードを作り、看守の命令に対して抵抗した。この騒動を鎮圧するために、看守は囚人に消火剤を噴射し、首謀者を独房に閉じ込めた。実験3日目、看守は囚人の集団脱走計画を知り、囚人に腕立てふせや、便器を手で清掃させるなどの罰を与えた。看守はさらに厳しい態度で囚人に接するようになった。実験4日目、囚人は看守の指示に従順になった。看守は夜間に監視カメラの電源を切って、囚人に暴力を振るうようになった。これらの看守の行動は、実験者が指示したものではなかった。実験5日目、囚人の保護者が弁護士とともに、実験を中止するように願い出たため、実験は翌日に中止になった。また、実験中、囚人がこれ以上実験に参加する意思がないことを伝えたにもかかわらず、看守は囚人を保釈しなかった。この実験は1971年にジンバルドーが実施し、**スタンフォード監獄実験**と呼ばれている。

2018年、ジンバルドーの音声記録や実験参加者に対する面接調査などの資料から、ジャーナリストのブルムは、囚人の行動はジンバルドーの指示（囚人の演技）であり、多くの点で虚偽があったと報告している。また2019年には、American Psychologist誌に、この実験結果に対する否定的見解が発表された。

_____

習による模倣」参照 67 頁）を発展し、いくつかの攻撃性のモデルを統合した
ものである。このモデルでは、攻撃行動が起こる 3 つの段階として「入力」
「経路」「結果」を仮定している。「入力」は、攻撃の動機づけとなる先行要
因であり、個人要因と状況要因からなる。個人要因とは、性格、態度、信念、
遺伝である。状況要因とは、不快な気温や湿度、治安、ストレス状況などで
ある。「経路」では、そのような先行要因によって、人の心理状態（認知、
感情、覚醒）が変化する。たとえば、他者の言動に対して、敵意があると考
え、怒りの感情が生まれ、興奮状態（覚醒）になる。このような心理状態が、
「結果」として、攻撃したいという動機づけを生む。

2 社会的推論

社会的推論の中心的テーマのひとつが帰属である。心理学では、**帰属**は、
ある現象や出来事の原因を考える過程を意味する。社会心理学における帰属
の研究は、ハイダーから始まった。**ハイダー**は、普通の人々が考える、日常
生活の常識的な説明を重視した。このようなハイダーの考え方を、素朴心理
学という。多くの帰属理論が、ハイダーの素朴理論の影響を受けている。

(1) ケリーの帰属理論

ケリーの**アノーバ・モデル**では、何度も観察できる場合、観察者（物事の
原因を推測する人物）は、共変原理にしたがって帰属をする。共変原理とは、
「結果が存在する時に、原因が存在し、結果が存在しない時に、原因が存在
しない」という原因と結果との関係（共変関係）のルールである。観察者は、
「実体」（行為の対象）、「人」（行為の主体）、「時と様態」（状況）が、共変原理
に一致しているかどうかを判断する。ケリーは、「ある人物が、映画を映画
館で見て、感動した出来事」を例にあげて説明している。「実体」は映画で
あり、「人」は映画を見たその人物、「時と様態」は映画館である。観察者は
帰属をする時、以下の 3 つの基準を用いる。3 つの基準とは一貫性、弁別性、

一致性であり、一貫性、弁別性、一致性の高低によって、観察者は共変関係を推測する。つまり、3つが高い場合には、共変関係が強くなる。一貫性とは、映画館以外で見ても感動したかどうか、別の日に見ても感動したかどうかである。弁別性とは、その人物が、その映画のみに感動し、他の映画に対しては感動しなかったかどうかである。一致性とは、その人物以外の人も、その映画を見て感動したかどうかである。

　アノーバ・モデルによって共変関係を推測するためには、原因と結果との間の関係を、何度も観察しなければならない。しかし、限定した情報しか得ることができない場合もある。このような場合、観察者は**因果スキーマ**によって、共変関係を推測する。因果スキーマは、因果関係に関する知識の枠組み（スキーマ）であり、経験によって獲得する。また、情報が限定している場合は、共変原理の代わりに、割引原理や割増原理を用いる。**割引原理**とは、別の原因がある場合、ある原因の重要性（役割）を軽視することである。たとえば、能力の高い人物が、試験で優れた成績を取ったとする（原因は能力の高さ、結果は成績がいいこと）。しかし、その試験問題がとても簡単だったとすれば（別の原因）、観察者は「能力が高い」という原因を軽視し、能力の高さが成績の良さに与えた影響を割り引いて推測する。つまり、試験問題が簡単だったので、「成績がよかったのは、能力が高いせいではない」と考える。逆に、別の原因があれば、もともとの原因をより重視し、割り増しする場合もある。このような現象を**割増原理**という。たとえば、上記の人物が、試験当日に高熱を出していた（別の原因）とする。観察者は「能力が高い」という原因を重視し、能力の高さが成績に与えた影響を割り増しする。つまり、高熱でも成績がいいのだから、能力が高いのだろうと考える。

(2) ワイナーの帰属理論

　ワイナーは、成功・失敗場面で用いる3つの帰属の次元に注目した（表11-1参照）。3つの帰属の次元とは、原因の所在、安定性、統制可能性である。**原因の所在**とは、原因が行為者自身にあるのか（内的）、外的要因にあるの

表 11-1 落第した学生の例

	内的要因		外的要因	
	安定	不安定	安定	不安定
統制可能	普段の努力が不足していた	試験に遅刻した 体調が悪かった	教授に嫌われた	友人がノートを貸してくれた
統制不可能	知能が低い	持病が悪化した	いつも難問が出る	不得意な問題が出た 運が悪かった

か（外的）に関する帰属の次元である。行為者自身の原因として、能力や性格、気分や態度などがある。たとえば、単位を落とした学生が、「自分自身の不勉強」「出席不足」が原因であると考える場合である。外的要因には、運、外圧、天候などがある。単位を落とした学生が、「運が悪かった」「教授の嫌がらせだ」と考える場合もこれである。**安定性**とは、原因が比較的長く続くのか（安定）、一時的なものなのか（不安定）に関する帰属の次元である。たとえば、落第した帰属として、安定的原因には、「能力が欠如している場合」などがあり、不安定的原因には、「試験中に、隣の学生が試験を妨害した場合」などがある。**統制可能性**とは、コントロールできたかどうかに関する帰属の次元である。落第した原因が、努力不足であると考えるならば統制可能となり、試験問題に原因があると考えるならば統制不可能になる。ワイナーの帰属理論は、うつ病の認知モデル（第13章「うつ病の認知モデル」参照172頁）や学習不振児の研究など、さまざまな研究に影響を与えている。

（3）帰属バイアス

われわれが実際に行っている帰属は、正しいとは限らない。むしろ、歪んだ帰属をしている場合が多い。このような帰属の歪みを**帰属バイアス**という。ここでは、3つの帰属バイアスを紹介する。第一の帰属バイアスは、行為者の性格や態度などの内的要因を重視するバイアスである。このバイアスを**基本的帰属の誤り**という。たとえば、ある人物（行為者）が、試験に落第した原因を考えてみる。基本的帰属の誤りでは、それを見ていた観察者は、試験

が難しかったため（行為者の外的要因）ではなく、その人物に能力がなかっ
たため（内的要因）と考える。ジョンとハリスの古典的実験では、ある人物
が書いた2種類の文章を、アメリカの大学生に読ませた。ある大学生には、
カストロ政府を支持する文章を読ませた（当時、カストロはキューバの指導者
であり、アメリカとキューバは敵対国だった）。もう一方の大学生には、カスト
ロ政府を批判する文章を読ませた。この文章には、「カストロ政府を支持す
る」「カストロ政府を批判する」の2つあり、ともに実験者が強制的にある
人物に書かせたものだった。この情報は、どちらの大学生にも伝えられた。
大学生が文章を読んだあと、この文章を書いた人物が、どの程度カストロ政
府を支持していると思うか、大学生に評価させた。すると、文章が実験者に
よって強制的に決められていたことを、知っていたにもかかわらず、大学生
の評価は、文章の内容（カストロ政府を支持するか、批判するか）に影響を受
けていた。この実験の結果は、行為者（文章を書いた人物）の内的要因を重
視し、観察者（大学生）が「その文章は強制的に書かされていた」という客
観的情報を軽視したことを意味している。

　第二の帰属バイアスは、**行為者－観察者バイアス**である。行為者－観察者
バイアスでは、行為者は、自身の出来事の原因を外的要因に帰属する。一方、
観察者は、行為者の原因を内的要因に帰属する。たとえば、試験に落第した
学生（行為者）は、その原因を教授が厳しい人物だった（外的要因）と考え
る。しかし、その様子を見ていた別の学生（観察者）は、その学生（行為者）
に能力がなかった（内的要因）と考える。

　第三の帰属バイアスは、**セルフ・サービング・バイアス**である。セルフ・
サービング・バイアスとは、成功を内的要因に帰属し、失敗は外的要因に帰
属する、という行為者の帰属傾向である。たとえば、落第した科目は教授の
責任にするが、合格した科目は自身の能力のおかげだと考える。

3　社会的態度

　社会的態度とは、他者に対する態度や行動のことである。社会的態度を変化させる目的で行うコミュニケーションを、**説得的コミュニケーション**という。ここでは、社会的態度のひとつである説得的コミュニケーションを紹介する。

(1) 精緻化見込みモデル

　説得的コミュニケーションによって、態度の変容過程を説明する枠組みのひとつに、ペティとカシオッポが考えた精緻化見込みモデルがある。**精緻化見込みモデル**では、説得を受けた時、その説得について、精緻化できる見込みがあるかどうかによって、中心的経路か周辺的経路かの2つの経路（ルート）のいずれかをたどる。精緻化の見込みとは、「説得の内容を信じてよいかどうか」を判断できる状況かどうかである。中心的経路は、精緻化の見込みがある場合の経路である。中心的経路では、積極的にメッセージの情報を処理する。中心的経路では、論拠の強いメッセージ（信用できるメッセージ）は、論拠の弱い説得よりも説得効果がある。また、メッセージについての知識が豊かであるほど、中心的経路をたどりやすい。メッセージに関する知識が貧しいなど、精緻化の見込みがない場合、周辺的経路をたどる。周辺的経路では、メッセージを検討することなく、受動的に判断する。そして、メッセージの論拠の強弱とは関係のない周辺的手がかりによって、態度を変える。たとえば、周辺的手がかりとは、「Googleで検索したら、そのように書いてあった」という情報のことである。

(2) 説得に対する抵抗

　説得されにくくなる方法（説得に対する抵抗力を高める要因）として、コミットメント、接種理論、心理的リアクタンス理論を取りあげる。コミット

メントとは、あらかじめ意見や態度を表明しておくことで、自分自身の行動を拘束（こうそく）し、説得されにくくなる方法である。たとえば、「私はいかなる勧誘（かんゆう）にも応じない」と誓（ちか）い、その宣言書をかかげていると、訪問販売などの勧誘に同意しにくくなる。

　マグワイアは、予防接種のように、あらかじめ免疫（めんえき）をつけることで、説得に対する抵抗力が増すという**接種理論**を考えた。たとえば、勧誘する人の主張の誤りを事前に知っていると、勧誘に同意しにくくなる。マグワイアらは、ある実験参加者には、自明（じめい）の理（誰もが正しいと思っていること）を支持する文章を読ませた。一方、別の参加者には、その自明の理に反論する文章と、その反論に反駁（はんばく）する文章（反駁文章：反論は間違いだという文章）を読ませた。そのあと、その自明の理を攻撃する説得メッセージ（自明の理は間違いだという情報）を与えた。すると、反駁文章を読んだ参加者は、支持する文章を読ませた参加者より、自明の理を信用しなかった。つまり反駁文章を読んだ参加者は、説得を受けにくくなっていた。

　心理的リアクタンス理論では、意見や態度が自由に選択できる場合、その自由がおびやかされたと感じる状況では、その自由を取りもどそうと動機づけられると考える。つまり、自由な選択を奪（うば）うような説得に対しては、抵抗力が高くなる。たとえば、強制的な勧誘だと感じた直後から、その勧誘には同意したくないという思いが強くなる。

本章に関連のある重要な人名・学術用語

サイコパシー、自己知覚理論、自発的帰属、社会的情報処理モデル、社会的判断理論、衝撃的攻撃説、対応推論モデル、適合性理論

傍観者効果

　1964 年のニューヨークで、女性が暴漢に襲われた。その女性は 30 分以上にわたって強姦された。38 名の住民がこの事件を目撃していたにもかかわらず、誰ひとり、彼女を助けず、警察にも通報しなかった。警察が駆けつけたときには、彼女は亡くなっていた。有名なキティ・ジェノヴィーズ事件である。

　この事件を契機に、ニューヨーク大学のラタネとダーリーは、援助行動に関する実験を始めた。実験参加者はひとりひとり別々の部屋に入り、学生生活の問題点について、順番に発言するように言われた。実際の参加者はひとりだけで、他の学生はすべてサクラだった（正確には、サクラが 1 名、2 名、5 名の 3 つの条件で実験を行った）。ある学生が発言している最中は、他の参加者のマイクは切られ、他の参加者は発言できない設定だった（参加者同士の相談はできない）。他の学生の発言は、それぞれの部屋にあるスピーカーを通じて聞くことができた。しかし、実験者は別室にいて、学生の発言は聞いていなかった。実験が始まると、あるサクラが自分は「てんかん」であり、発作を起こす可能性があると告白した。そのサクラの発言が進んでいるうちに、やがて様子がおかしくなった。そして、サクラが助けを求めた後、スピーカーから何も聞こえなくなった。このサクラの発作時間は 6 分間に及んだ。

　「実験の参加者は、てんかんの学生と自分だけである」と思っていた参加者（サクラが 1 名の条件）の 85% が、発作が起こってから 3 分以内に、部屋を出て実験者に緊急事態が起こったことを伝えた。しかし、「参加者はてんかんの学生と自分自身を含め 3 名である」と思っていた参加者（サクラが 2 名の条件）のうち、実験者に助けを求めた者は 62%、6 名の参加者（サクラが 5 名の条件）がいると思っていた参加者ではわずか 31% であった。他者の存在（傍観者）が、参加者の援助行動を抑制したのである。このような現象を**傍観者効果**という。

　ラタネらは、傍観者効果の原因として、以下の 3 つをあげている。社会的責任の分散：その場にいる自分以外の他者にも責任があると考え、個人の責任を拡散することによって傍観者が生まれる。社会的影響：他者が助けようとしない行動を見て、助ける必要が無いと感じ傍観者となる。評価懸念：他者が援助をする行為を否定的に評価すると考えることで、援助行動を抑制する。しかし、これらの説明ではキティ・ジェノヴィーズ事件を十分に説明できない。また、2019 年、防犯カメラの映像を分析した研究によって、傍観者効果は否定された。

応用

第**12**章
心理療法とプラセボ効果

　行動療法、精神分析、クライエント中心療法を紹介したのち、心理療法の治療の効果とプラセボ効果について説明する。心理療法に過剰な期待を持つ読者がいるかもしれない。特にそのような読者には、心理療法の実際の効果を知り、さらに、プラセボ効果について理解を深めてほしい。

1　臨床心理学小史

　臨床心理学は、ヴントに学んだウイットマーが、1896年ペンシルバニア大学に、心理学相談室を開いたことに始まる。ウイットマーは、そこで不適応を起こした児童や生徒に対する教育指導をしていた。

　臨床心理学の中核は、心理療法と心理アセスメントである。ここでいう心理アセスメントには、性格検査だけではなく、診断や介入効果の測定が含まれている。まず、心理療法の流れを示す。フロイトが1895年「ヒステリ研究」を発表し、精神分析が誕生した。1913年ワトソンによる行動主義宣言（コラム7参照61頁）や行動分析の誕生（1930年代）などが基盤となり、1950年代、アイゼンク、ウォルピ、スキナーなどによって、行動療法が提唱された。それより早く、1947年アイゼンクによって、モーズレイ病院で行動療法の実践教育が始まった。精神分析や行動療法に対して、人間性心理学から、1940年代にクライエント中心療法が誕生した。1952年アイゼンクが心理療法（特に精神分析）の効果検証の欠如を批判する研究を発表したことで、心理療法は大きな転換期を迎えた。1960年代には、ベックが認知療法を提唱し、

1980 年代には、欧米を中心に、認知行動療法が普及し始めた。2000 年以降、第三世代の行動療法（あとで説明する）の研究が急速に進んだ。

　心理アセスメント（第 9 章「データの収集」参照 114 頁）は、ゴルトンが、1884 年の人体測定室で、個人差を測定したことによって始まった。そして、1890 年キャテルのメンタルテスト、1905 年ビネーの知能検査、1921 年ロールシャッハ・テスト（投影法）、1938 年ベンダー・ゲシュタルト視覚運動検査（神経心理学検査）、1943 年ミネソタ多面人格目録（質問紙検査）と続いた。行動分析による行動アセスメントの発展は、心理アセスメントを進展させた。そして、1980 年アメリカ精神医学会の **DSM-Ⅲ**（精神疾患の分類と診断の手引書第 3 版）が作成された。DSM-Ⅲ によって、精神疾患は原因による分類と診断から、症状の記述による分類と、構造化した面接による診断に移行した。

2　心理療法の方法

(1) 行動療法と応用行動分析
　行動療法は、法則や手続きに基づいた介入技法と、介入技法の背景にある学問体系である。なお、法則や手続きは、検証可能な実験によって確立されたものに限っている。行動療法の誕生当初、その理論的根拠は、十分に確立された学習理論のみであった（第 4 章「学習とは」参照 49 頁）。しかし、そののち、理論的根拠は、学習に関連する実験心理学や、狭い意味での行動科学にも広がった。広い意味での行動療法には、**応用行動分析**（行動変容法・行動修正法）も含まれる。応用行動分析は、**スキナー**の徹底的行動主義に基づく学問体系である**行動分析**を、ヒトの実生活に応用した学問である。応用行動分析の基本原理は、古典的条件づけとオペラント条件づけである（第 4 章「古典的条件づけ」51 頁と「オペラント条件づけ」54 頁参照）。

　行動療法の介入対象は、病気そのものではなく、測定・制御できる習慣的行動である。それ以外の対象には介入しない。行動療法の対象を、標的行動

という。介入の目的は、不適応な習慣的行動を消去・減少したり、適切な習慣的行動を獲得したりすることである。実際の介入効果は、行動アセスメントによって測定する。**行動アセスメント**では、標的行動を記録し、モニタリングする。具体的にいえば、「先行刺激（状況）」「行動（介入対象である標的行動）」「行動の結果」の３つの相互関係（三項随伴性）を記録する（第4章「オペラント条件づけの性質」参照56頁）。三項随伴性とは、どのような状況で（弁別刺激は何か）、問題となる行動が起こり（標的行動であるオペラント反応）、その結果どうなったか（強化子は何か）、その３つの変数の関係である。計画した効果を得ることができなかった場合、行動アセスメントにしたがって、原因を明確にし、介入の仕方を修正する。

(2) 認知行動療法

　認知行動療法には、主に２つの流れがある。ひとつは行動療法の流れである。1970年代に、社会的学習理論の誕生など、行動療法の基盤である学習理論が大きく変化した。たとえば、社会的学習理論では、行動は、環境の変化によってのみ変化するのではなく、状況（環境）に対する認知の変化によっても変化すると考えた（第5章「観察学習による模倣」参照67頁）。社会的学習理論を含めた当初の認知行動療法は、操作可能な認知のみをあつかっていた。また、認知を測定し、変化したりする目的は、あくまで行動の変容であり、認知の変容ではなかった。つまり、当初の認知行動療法は、行動療法の基盤となる学習理論を拡大したとはいえ、その介入目的は行動の変容であった。このことを考えると、認知行動療法は、行動療法の一部であったということができる。

　もうひとつの流れは、**ベック**の**認知療法**や、エリスの合理的情動療法によるものである（第13章「認知療法」参照173頁）。この流れは、上記の流れのように、行動主義や学習理論を基盤に持たない。ベックによれば、クライエントは、幼少期に形成した**歪んだスキーマ**（経験により形成された信念の枠組み）によって、歪んだ認知を形成する。歪んだ認知は、意識することなく、

遭遇した出来事を否定的に受け取る。これを自動思考という。このような歪んだ認知が、クライエントの症状を生む。簡単にいえば、無意識に、経験した出来事を否定的に受けとめることで、精神的問題をかかえるようになる。認知療法では、否定的な自動思考をしていること、その自動的思考が望ましくない感情や行動を生んでいることを、クライエント自身に理解させる。そうすることで、認知の歪みを修正する。認知の歪みが修正すると、クライエントの症状が緩和する。ベックは、キャリアの初期段階で精神分析の訓練を受けており、認知療法と精神分析との間には、多くの類似点がある。認知療法（認知行動療法）は、うつ病の治療で効果をあげ、世界に知られるようになった。しかし、その効果は、あくまで、慢性化していない軽度から中程度のうつ病患者に対して、認知療法と薬物療法の両方を用いた場合に限られている。

　1980年代ころから、認知行動療法は、行動療法の枠組みだけではなく、行動療法の流れを受けつぐ認知行動療法の枠組みからも大きくはずれ、行動療法とは異なる立場を取るようになった。具体的にいえば、介入の目的が、行動の変容ではなく、認知の変容になった。また、学習理論だけに限らず、感情（不安や恐怖など）の処理モデル、心理的ストレスモデル（第3章「ラザルスのストレス理論」参照42頁）、情報処理モデルなど、さまざまな認知モデル（認知によって説明する法則のようなもの）を基盤とするようになった。さらに、うつ病、慢性疼痛、睡眠障害、パニック障害など、それぞれの疾患に応じた、病気の発生モデルを作成した。つまり、病気や病気から生じる精神的問題を、それぞれに病気に応じた、認知モデルによって説明しようとした。そして、それぞれの認知モデルに基づき、介入対象を拡大した（行動療法の適応範囲は限定的である）。現在の認知行動療法では、通常、複数の介入技法を組み合わせ、パッケージとして用いている（さまざまな介入技法をひとまとまりにして、それらの技法を実行している）。現在の認知行動療法は、行動療法の哲学とは異なる哲学を基盤にしており、認知行動療法と行動療法は別の介入技法である。しかし、認知行動療法では、パッケージのひとつとして、

行動療法の技法を用いる場合があるという点では、両者に接点がある。

（3）第三世代の行動療法

　第三世代の行動療法（臨床行動分析ともいう）は、応用行動分析の基盤である徹底的行動主義に基づいた介入技法の総称である。ただし、第三世代の行動療法は、応用行動分析とは別の治療技法である。また、認知的行動療法と同様、行動療法とも異なる心理療法である。介入技法には弁証法的行動療法、行動活性化、機能分析心理療法などがあるが、その代表的技法は、ヘイズの**アクセプタンス・コミットメント・セラピィ**（ACT）である。ACTでは、精神的苦悩は、心理的柔軟性の欠如が原因であると考える。そして、マインドフルネスやアクセプタンスなどによって、心理的柔軟性を高める。**マインドフルネス**とは、何の評価もすることなく、今現在の経験（感情や思考なども含む）に、ただ意識を向けることである。マインドフルネスは、瞑想やヨガなどによって、うながすことができる。実証科学の領域では、マインドフルネスは、カバットにより体系化された。ACTでは、今現在の経験から目をそらすことなく（体験の回避）、マインドフルネスによって、現在の経験を積極的に受けとめる（アクセプタンス）。マインドフルネスやアクセプタンスは、認知療法や認知行動療法の中心的技法として用いることもある。これらの技法を新しい認知行動療法と呼ぶこともある。

（4）精神分析

　精神分析は、**フロイト**が考えた治療と理論の体系である（第7章「精神分析」参照92頁）。精神分析では、精神疾患は、幼少期に経験した性的トラウマが原因であると考える。幼少期のトラウマは、**防衛機制**によって無意識下に閉じ込められる。症状のあらわれ方は、幼少期に用いた防衛機制の方法によって違う。防衛機制の方法は複数あり、それぞれの防衛機制がそれぞれの精神疾患と結びついている。その治療は、患者を寝椅子に横にさせ、自由連想法によって、患者から情報を得ることから始まる。**自由連想法**は、制限を

　系統的脱感作法は、ウォルピが提唱した技法で３つの手続きからなる。まず、ク
ライエントの弛緩訓練（あるいは自律訓練）を行う。弛緩訓練では、腕、脚、首肩な
どの筋肉を自分で自由にゆるめることができるようにする（リラックスできるように
する）。次は不安階層表を作成する。具体的には、ある状況や出来事（刺激）を思い
浮かべた（経験した）時、どの程度不安を感じるか、10点刻みで、刺激を複数用意
する（最も強い不安を感じる刺激を100点、不安のない刺激を0点）。最後に脱感作
する。つまり、不安階層表の得点の低い刺激をイメージ（経験）し、訓練した弛緩を
する。何度かこの脱感作を繰り返し、最も不安得点の低い刺激の得点がゼロになれば、
不安階層表の得点をつけなおす（刺激の得点が低下する）。再び、最も不安得点が低
い刺激をイメージし弛緩する。やがて、100点だった刺激の不安がゼロ点に近づき、
症状が改善する。系統的脱感作法は、拮抗条件づけ（逆制止）に基づく技法である。
系統的脱感作法を行動療法に含める研究者は多いが、効果測定の対象が言語報告であ
ることから、認知行動療法であると考えるのが妥当である。

　以下、カバート嫌悪療法、シェイピング、トークン・エコノミー、タイムアウトに
ついて紹介する。カバート嫌悪療法では、嫌悪感を抱く刺激を不適切な行動（標的行
動）に対して繰り返しイメージすると、標的行動の頻度が減少する。たとえば、飲酒
（標的行動）場面に対して嘔吐をイメージすると、飲酒行動が減少・消去する。

　シェイピングでは、より単純な行動から強化し、徐々に高度な行動を強化すること
で標的行動を獲得する。たとえば、勉強をしない子どもに、学校で高成績をあげさせ
たいとする。まず、机に向かう行動を強化し（ほめるなど）、その行動が習慣化した
のち、机で勉強することを強化する。勉強時間が増加したのち、成績があがれば強化
する。このように段階的に強化することで、標的目標を獲得できる。

　トークン・エコノミーは、トークン（コインやシールなどの代理貨幣）を一定数集
めると、望んでいる物や権利と交換できる技法で、適切な行動が増加する。たとえば、
お遣いをするとシールが１枚もらえ、10枚集めるとジュースがもらえるなどとする。

　タイムアウトは、ある標的行動をすると一定の期間、正の強化子を奪う技法で、標
的行動の頻度が減少・消去する。代表的な負の罰である。たとえば、門限を破る（標
的行動）と一週間スマートフォン（正の強化子）を取りあげる。

もうけることなく、症状や問題と関係のないことでも、自由に話をさせる技法である。次に、夢分析、患者による治療抵抗、転移、退行などを手がかりにして、精神分析医が、患者の過去のトラウマを解釈する。つまり、患者の無意識を精神分析医が言語化する（解釈）。治療抵抗とは、治療を妨害するあらゆる行為である。転移とは、精神分析医に向けられた患者の強い感情であり、特に、母親あるいは父親への感情を精神分析医に向けることである。退行とは、未熟な発達段階にもどる行為である。解釈のあと、患者が過去の体験を意識化すること（洞察）によって、治療は終わりに向かう。精神分析は他の心理療法と異なり、心理家ではなく、訓練を受けた精神科医によってのみ、行うことができる。

(5) カウンセリング

　日本でカウンセリングと呼ばれている介入方法は、**ロジャーズ**（第7章「人間性心理学」参照93頁）のクライエント中心療法の影響を強く受けたものである。あるいは、クライエント中心療法そのものである。**クライエント中心療法**の介入対象は、「自己概念と実際の経験との不一致」「傷つきやすい状態」「不安な状態」である。カウンセリングの介入目的は、クライエントの自己概念と、実生活の経験を一致させることである。クライエント中心療法は、介入技法というより、クライエントに対する態度（クライエントの理解や接し方）に焦点をあてている。カウンセラーに必要な以下の3条件も、そのことを示している。

①一致：クライエントとの関係で体験していることと、カウンセラーが意識していることとが一致している。一致は、クライエントと真実の関係を作ろうとする、カウンセラーの態度である。
②無条件の積極的受容：クライエントを無条件で尊重する。それは、クライエントの話に、評価することなく耳を傾け、クライエントの存在を大切にすることを意味する。その結果、クライエントは、受け入れられていると

実感する。

③共感的理解：クライエントの話を聴き、クライエントの世界に共感し、そのことをクライエントに伝える。その結果、クライエント自身の問題に、「カウンセラーが、クライエントとともに向き合っている」とクライエントが実感する。

3　治療効果とプラセボ効果

(1)　治療効果

　心理療法の効果に、疑問を投げかけた最初の研究者は、**アイゼンク**である。1952年アイゼンクは、神経症患者を対象に、心理療法の治療効果を検証した。その結果、精神分析では44%、折衷的心理療法（特定の介入技法にこだわらない技法）では64%の神経症患者の症状が改善した。しかし、心理療法を受けなかった神経症患者の72%の症状が改善した。心理療法を受けた神経症患者より、心理療法を受けなかった神経症患者の方が効果があったのである。別のいい方をすれば、心理療法は、良くなるはずだった神経症を悪化させた。別の研究では、精神的問題をかかえた人の場合、教育者や宗教的指導者（牧師など）などによる助言によって、30%から60%の人が改善すると報告している。これらの研究は古いものであるが、「薬を処方しない場合、専門家の心理療法の効果は、素人が行うカウンセリングと同程度である」という結果が、現在でも繰り返し報告されている。

　心理療法の効果を確かめるためには、その心理療法の効果と、すでに効果が十分に明らかになっている薬や、別の心理療法などの効果（あるいは、プラセボ効果）を比較する必要がある（プラセボについては、このあとで説明する）。アメリカの心理療法の専門家は、医師でなくとも薬を処方できるため、薬の効果を客観的に評価し、心理療法との効果を比較できる。しかし、日本の心理療法家は、薬の効果を軽視し、「薬より心理療法の方が優れている」という根拠のない信念を持っている傾向がある（コラム21参照165頁）。

表 12-1　有害な心理療法

心理療法	内容	問題点
記憶回復療法	催眠^{さいみん}や暗示などによって、幼いころの性的虐待経験を思い出すことによって、精神疾患を治療する。（コラム 8 参照 73 頁）	実際には経験していない虐待された記憶を作り出してしまう。
緊急事態ストレス・デブリーフィング	事故や災害などによる急性ストレスの経験を、小集団内で語る。急性ストレスを経験後、72 時間以内に行う。	PTSD 発症のリスクを高める。
スケアード・ストレイト訓練	非行青少年に対して、実際の受刑者が刑務所での厳しい生活を伝え、恐怖を与えることで、再犯を防ぐ。	非行青少年の問題行動が増加する。
ファシリテイト・コミュニケーション	自閉症児など、発語が困難な障害児に対して、介助者が、文字盤、キーボード、描画などを利用し、コミュニケーションの援助をする。	障害児自身ではなく、介助者の意思によってコミュニケーションを行っている。家族が児童虐待で訴^{うった}えられる。
愛着療法	生みの親から離れ養育されている子どもに対して、ホールディング（セラピストが子どもを抱きしめる）やリバースイング（再誕生。子どもを毛布でくるみ、しばり、誕生を経験させる）を行う。	子どもが死亡したり、深刻な外傷をおったりする。
グリーフ・セラピィ	愛する者の死別よる喪失感^{そうしつ}や深い悲しみ（通常の範囲）を和らげるためにカウンセリングを行う。	うつ気分が増す。

　心理療法には、「有害なもの」あるいは「効果のないもの」が多い。有害な心理療法として、記憶回復療法（コラム 8 参照 73 頁）を始め、「緊急事態ストレス・デブリーフィング」「スケアード・ストレイト訓練」「ファシリテイト・コミュニケーション」「愛着療法」「グリーフ・セラピィ」などがある（詳細は表 12-1）。効果のない心理療法として、思考場面法（TFT）、自閉症^{じ へいしょう}（注意欠陥多動性障害）・学習障害児に対する感覚統合訓練やイルカ介在療法^{かいざいりょうほう}（動物介在療法）などがある。効果のない心理療法は、必ずしも実害があると

いえない。しかし、それは実害がまったくないという意味ではなく、実際には実害がある場合もある。たとえ効果のある心理療法であっても、特定の心理療法が、すべての症状に効果があるわけではない。たとえば、自閉症児に対する認知療法には効果がない。心理療法は、特定の症状に対して効果があるのであり、別の症状に対しては、その症状を悪化させる場合もある。アメリカ心理学会では、過去の反省から、それぞれの症状に対して、効果のある心理療法のリストを発表している。過去の反省とは、「有害な」あるいは「効果のない」心理療法がまんえんしていたことである。日本では、「有害である」あるいは「効果のない」ことが明らかな心理療法が、現在でも大衆向けの書籍というかたちで刊行されているし、テレビや雑誌でも紹介されている。さらに、資格を有しているかどうかにかかわらず、実際に、そのような心理療法を用いている心理療法家も存在する（公認心理師や臨床心理士の資格は、有害・効果のない心理療法を行っていないことを保証するものではない）。

(2) プラセボ効果

プラセボとは、有効成分を含まない偽薬や、生理学的に効果のない治療によって、症状が改善したり、病気が治ったりする現象である。プラセボ効果は、**ビーチャー**らによって、初めて報告された。1955 年に発表したビーチャーの古典的研究では、ぜん息や高血圧などを含む、さまざまな症状をかかえた患者の 30% から 40% に、プラセボ効果があらわれた。さらに、外科的処置をほどこしたプラセボ手術にも、効果があった。プラセボ手術とは、病巣部を切開し、もとにもどすだけのみせかけの手術である。本来なら効果のないプラセボ手術を行って、狭心症やパーキンソン病が改善した報告はよく知られている。

薬とプラセボ（偽薬）では、脳内の神経生理学的反応が異なる。しかし、現在のところ、プラセボ効果の神経生理学的仕組みは、明らかになっていない。それでも、プラセボ効果を否定する医師（少なくてもアメリカの医師では）は、ほとんどいない。プラセボは確実に存在する効果である。その効果

は、心理療法においても同様である。

　プラセボは、精神疾患を始め、主観的症状に対して、特に効果を発揮する。少なく見積もっても、うつ病患者の30%から40%にプラセボ効果がある。軽度あるいは中度のうつ病患者の場合には、60%から80%の患者に効果がある。また、抗うつ薬の効果のうち、80%程度がプラセボである。不安障害患者の場合、患者の60%は、長期間にわたって、プラセボ効果が持続する。また、慢性疼痛患者（長期にわたって痛みを訴える患者）では、患者の15%から70%に、プラセボの効果がある。

　プラセボが主観に大きな影響を受けている証拠は、繰り返し報告されている。たとえば、JAMA誌で発表した最近の研究がある。この実験では、ある参加者には高価な偽薬（一錠2.5ドル）を、別の参加者にはディスカウントした偽薬（一錠10セント）を与えた。どちらの偽薬も同じ成分である。参加者には、偽薬だとは伝えなかったが（鎮痛薬だと伝えた）、偽薬の価格とディスカウントの有無については伝えた。参加者は、電気ショックによる痛みの程度を、薬を飲む前と、飲んだあとで比較した。すると、一錠2.5ドルの偽薬を飲んだ参加者の85.4%が、薬によって電気ショックの痛みが軽減したと回答した。一方、ディスカウントした偽薬を飲んだ参加者では、61%が電気ショックの痛みが軽減したと回答した。パーキンソン病患者に対しても、似たような実験を行ったところ、高額な偽薬ほど症状の緩和があった。これらの研究では、医師が「薬の効果は同じである」と患者に伝えたにもかかわらず、である。

　さらに、**カプチャク**は、医師と患者との関係が、プラセボの効果を左右していることを明らかにした。BJM誌に発表したカプチャクらの研究では、過敏性腸症候群患者に対して、偽の鍼治療をした。過敏性腸症候群とは、ストレスなどによって、腹痛・下痢・便秘などの症状が、慢性的にあらわれる症状である。ある実験参加者に対しては、医師は、良好な関係を作るように会話をした。別の参加者に対して、医師は必要最低限の話をした。実験の結果、良好な関係を作った鍼治療では、62%の患者の症状が緩和した。一方、

最低限の会話をした鍼治療では、44%の患者が症状が緩和した。また、良好な関係で鍼治療を受けた患者の方が、日常生活に対する満足感も高かった。カプチャクらの別の研究では、医師が「薬には効果がない」と伝えた偽薬（実際にも効果がない偽薬）であっても、過敏性腸症候群の症状や慢性腰痛患者の痛みが緩和した。つまり、偽薬だとわかっていても、プラセボの効果はある。カプチャクらは、医師や看護師に対する信頼や交流が、プラセボ効果をうながすと考えた。こうした研究によって、プラセボは、暗示によって生じるという考え方から、治療の文脈（たとえば、医師や看護師との関係）によって生じるという考え方に変化しつつある。このような研究を前にすると、「カウンセリングの効果とは、プラセボである」と考える方が自然である。

本章に関連のある重要な人名・学術用語

主張訓練、条件性制止、ストレス免疫訓練、セルフコントロール、ソーシャルスキル訓練、体験過程療法、認知再構成法、バイオフィードバック、非指示的療法、フラッディング、遊戯療法

コラム21　ノセボ効果

　ノセボ効果は、プラセボ効果とは逆の働きをする。たとえば、医師が患者に薬の副作用を伝えると、患者は薬理的効果のない偽薬を飲んだにもかかわらず、医師が伝えた副作用を訴えることがある。このような現象をノセボ効果という。実際の医療行為でも、ノセボ効果は厄介な問題を抱えている。医師や看護師の処置や医薬品などに対して、不信感を持っている患者には、ノセボ効果が起こるからである。そのような不信感は、メディアなどの情報によっても生まれる。「必要もないのに、医者は、お金をかせぐために薬を出す。薬には副作用が必ずあるので、薬を飲むと、かえって体をこわしてしまう」とメディアが伝えると、処方した適切な薬を飲んだ患者が、副作用を起こしてしまう。本来なら、副作用の可能性が極めて低い薬であってでもである。

　カウンセリングに対する世間の不信感は、医療行為や薬に対する不信感の比ではない。それゆえ、カウンセリングのノセボ効果を想像することは容易である。カウンセリングには副作用があるにもかかわらず、薬の副作用を強調し、カウンセリングの優位性を主張する心理療法家は多い。そのような心理療法家は、カウンセリングには副作用がなく、薬よりも優れていると主張する。しかし、カウンセリングのノセボ効果について理解している心理療法家はほとんどいない。一方、医師は、治療行為や薬のノセボ効果に対して、繰り返し注意喚起をしている。

　ノセボ効果は、プラセボ効果と似た神経生理学的反応や主観的反応を示す。ティネーマンらは、高額な薬ほど副作用を起こしやすいことを発見し、2017年にScience誌で発表した。この実験では、参加者に「痛みを感じる副作用がある」と伝え、2種類のクリームを腕にぬった。ある参加者には、明らかに安いパッケージのクリームをぬった（安いクリームだとも伝えた）。別の参加者には、高価なパッケージのクリームをぬった（高価なクリームだとも伝えた）。すべてのクリームは、何の影響もない同じ成分だった。安価なクリームも、高価なクリームも、少し温かくしてぬった。すると、安価なクリームをぬった参加者と比較して、高価なクリームをぬった参加者は、強い痛みを感じた。しかも、高価なクリームをぬった参加者では、痛みに関与している脳の領域で、特定のパターンが観察された。この脳の領域は、プラセボでも観察されていた領域だった。

第13章
うつ病

　精神疾患の中でも、生涯罹患率が高く、注目を集めている病気がうつ病である。生涯罹患率とは、死ぬまでの間に、病気が発症する割合である。ここでは、さまざまな精神疾患の代表として、うつ病を取りあげる。心理学では、うつ病をどのように説明しているかを紹介する。読者には、多くの身体的病気とは異なり、うつ病を含む精神疾患が、主観によって定義されていること、うつ病が発症する仕組みを、心理学的に明らかにすることには、限界があることを理解してほしい。

1　うつ病の症状

　世界保健機関による国際調査では、日本人のうつ病の生涯罹患率はおよそ6.6% である（富裕国では14.6%）。日本人女性の罹患率は、日本人男性のおよそ2.5倍である。一卵性双生児のおよそ60% は、養育環境にかかわらず、うつ病を発症するかどうかで一致する。うつ病患者再発率は、50% から60%である（初めてうつ病を発症した場合）。うつ病患者のおよそ10% が自殺する。うつ病が発症すると、主に以下のような症状があらわれる。ほぼ毎日のように、抑うつ気分、興味・喜びの減退、不眠（または過剰睡眠）、精神運動性の焦燥（いらいら）・制止（のろくなる）、過剰な罪悪感あるいは無価値観、疲労・気分減退、集中力の減退あるいは決断困難、自殺念慮（自殺のことを考える）、自殺企図（自殺を計画する）などである。体重が著しく増加・減少する場合もある。

2　うつ病の学習モデル

　学習によって、うつ病に似た症状を作り出すことができる。**セリグマン**は、学習によって作り出した症状を、学習性無力感と呼んだ。古典的な学習性無力感の実験は、「先行処置」「逃避・回避学習」の２つの手続きからなる（図13-1参照）。先行処置は、逃避不可能な電気ショックを被験体に与える手続きである。逃避・回避学習は、被験体をシャトル・ボックスに入れ、逃避あるいは回避学習（第４章「逃避学習と回避学習」参照 57 頁）を行う手続きである。オーバーマイヤーとセリグマンの実験では、逃避群、ヨークト群、統制群の３つの条件に、イヌをふり分けた。逃避群とヨークト群のイヌをハンモックにつるし、電気ショックを与えた。逃避群とヨークト群の電気ショックは、つながっていた。つまり、ヨークト群のイヌは、逃避群のイヌと同一回数、同一時間、同一強度の電気ショックを受けた。逃避群のイヌは、パネルを鼻で押すと、電気ショックを避けることができた。一方、ヨークト群のイヌでは、パネルを押しても、電気ショックは停止しなかった。つまり、逃

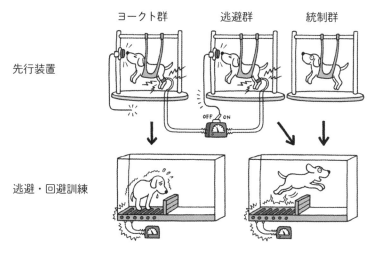

図 13-1　学習性無力感実験の概要

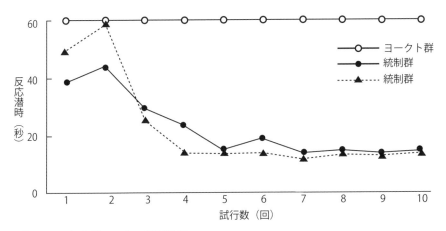

図13-2 セリグマンらの実験結果

避群では、自らの行動によって、電気ショックから逃げることができたが、ヨークト群では、自らの行動で電気ショックを止めることができなかった。統制群のイヌもハンモックにつるされたが、電気ショックは与えなかった。ここまでが先行処置であり、ヨークト群のイヌが、学習性無力感の先行処置を受けたことになる。

　その24時間後、すべての群のイヌをシャトル・ボックスに入れ、10試行（10回）の逃避訓練をした。それぞれの試行では、ランプ（弁別刺激）が光ったあとに、電気ショックを与えた。イヌが仕切りを飛びこえ、隣の部屋へ移ると、電気ショックが止まった。図13-2はその結果である。図13-2の縦軸は、ランプが光ってから隣の部屋に移動し、電気ショックが止まるまでの時間（反応潜時）である。部屋を移動せず、電気ショックを受け続けた場合、反応潜時は60秒になる。横軸は試行数である。逃避群と統制群は、試行数をかさねるにつれ、反応潜時が短くなり、逃避学習が進んだ。注目すべきはヨークト群で、試行回数をかさねても、反応潜時は60秒のままであり、逃避しなかった。すなわち、ヨークト群のイヌは、電気ショックを避けるために、隣の部屋に移動しなかった。

　ヨークト群と逃避群の違いは、電気ショックに対するコントロール感にあ

る。ヨークト群のイヌは、先行処置によって、電気ショックが、避けることのできないコントロール不可能な刺激であることを学習した。反応（電気ショックから逃げる行動）と結果（電気ショックの停止）が無関係であることを学習したということもできる。**学習性無力感**とは、ヨークト群のイヌのように、「何をやってもダメだ」という認知が、何かをすれば変えることができる状況になっても続く現象である。そして、変えることができる状況でも、その状況を変えようとはしない。つまり、学習性無力感とは、「どのような行動をしても、電気ショックを止めることができない」という経験から、電気ショックを避けることができるようになっても、逃避・回避をしなくなる現象である。学習性無力感では、動機づけ、認知、感情が障害を受ける。このような障害が、ヒトのうつ病患者の症状に似ていることから、学習性無力感の手続きをうつ病の動物モデルと考えている。

　学習性無力感のように、学習によって、ヒトのうつ症状に似た動物を作り、うつ病の研究をする方法がある。こうした研究方法は、うつ病の仕組みの解明や、抗うつ薬の開発などに役立っている。最近注目されている**慢性マイルド・ストレスモデル**では、ラットやマウスなどのげっ歯類を用い、避けることができないささいなストレッサーを繰り返し与え続ける。ささいなストレッサーとは、寝床（ねどこ）がぬれている、ケージが少し傾いている、ストロボ照明を受けるなどである。すると、ヒトのうつ症状に似た症状が、あらわれるようになる。慢性マイルド・ストレスモデルのげっ歯類への抗うつ薬の効果は、ヒトに対する抗うつ薬の効果と似ている点で、うつ病の他の動物モデルよりも優れている。慢性マイルド・ストレスモデルは、以下で説明するうつ病のストレスモデルの根拠にもなっている。

3　うつ病のストレスモデル

　最も洗練（せんれん）されたうつ病の発症モデルが、ストレスモデル（**うつ病のストレスモデル**）ある。ある研究では、うつ病患者の50%から80%が、うつ病を

発症する前に、ストレッサーを経験している（特に人間関係のストレス）。ま た、うつ病は再発率が高く、慢性化するが、ストレスモデルは、このうつ病 の発症と再発をよく説明できる。このように、ストレッサーとうつ病の発症 との間には、何らかの関係があることは明らかであるが、その関係性のとら え方は、研究者の間で異なる。

(1) ストレスによる異常な身体変化

　ストレッサーを経験すると、さまざまな身体反応があらわれる（第3章 「図3-2」参照37頁）。このストレス反応が、うつ症状の発症や再発に関係し ている。あるいは、ストレス反応の一部が、うつ病の症状である。具体的に いえば、慢性的にストレッサーを経験する（慢性ストレス）と、扁桃体が過 剰に活動し、ストレス反応の主要経路である**HPA系**（視床下部‐下垂体‐副 腎皮質系）の機能が傷つく。すると、ストレスホルモン（副腎皮質刺激ホルモ ン放出ホルモン、バソプレシン、コルチゾールなど）が放出され続ける。その 結果、ストレスホルモン（特にコルチゾール）によって、脳の神経細胞がダ メージを受け、脳に萎縮が起こる（脳が小さくなって、脳の機能がさまたげら れる）。そして、うつ症状が発症する。また、慢性ストレスによって、スト レスホルモンが放出され続けると、脳由来神経栄養因子の発現も低下する。 つまり、神経細胞を新しく生み出したり、発達させたりできなくなる。脳由 来神経栄養因子の発現が低下すると、海馬の神経細胞が新しく作られなくな り、うつ症状が発症する（神経可塑性・神経新生仮説）。脳由来神経栄養因子 の発現低下は、神経細胞から分泌する**モノアミン**（セロトニンやノルアドレ ナリン）の減少にもつながる。モノアミンの減少もまた、うつ症状の原因と なる（脳内モノアミン仮説）。また、慢性ストレスは、脳内での炎症性サイト カイン（生体内に炎症を引き起こす）の発現もうながす。この炎症性サイトカ インが、神経細胞を新しく生み出したり、モノアミンを分泌したりする活動 をおさえる。その結果、うつ症状が生じる（脳の炎症仮説）。

(2) ストレス脆弱性

　ストレス脆弱性（感受性）とは、ストレッサーに対して、異常な身体反応が生じやすくなることである。つまり、上記で説明した身体反応が起こりやすくなる。ストレス脆弱性の考え方はいろいろあるが、共通して、以下の発症過程を考えている。慢性的なストレッサー、あるいは深刻なストレッサー（ライフイベント）を経験すると、ストレッサーに対する感受性が増し、異常な身体反応を引き起こしやすくなる。その結果として、うつ病が発症する。たとえば、幼年期の児童虐待などのトラウマ経験は、海馬の委縮につながる。そして、ストレッサーに対する脆弱性を生み、成人期のうつ病の発症のリスクを高める。また、ストレッサーの経験（特に幼年期のトラウマ経験）は、うつ病に関与している遺伝子のみならず、ストレス反応に関与している遺伝子の発現にも影響を与える（遺伝の発現とは、遺伝子のスイッチがONになることである。詳しくは、第7章「遺伝による個人差」参照88頁）。このことが、ストレッサーに対する脆弱性を高める。

　ポストによるキンドリング仮説（ストレス脆弱性仮説のひとつ）では、「ストレッサーを繰り返し経験することが、うつ病の慢性化を生む」と考え、その神経生理学的変化の基盤を提唱した。キンドリング仮説では、うつ病の最初の発症は、深刻なストレッサーを経験することが引き金となるが、「ストレッサーの経験→うつ症状の発症」を繰り返しているうちに、両者のつながりが強くなり、ささいなストレッサーによっても、うつ病を再発するようになると考える。

　うつ病に関与している遺伝子を持っているからといって、必ずうつ病になるわけではない。カスピらは、深刻なストレッサーの経験頻度、うつ病の発症の有無、セロトニントランスポータ遺伝子（セロトニンの伝達に関連した遺伝子）について調査した。セロトニントランスポータ遺伝子は多型で、S型とI型がある。調査の結果、S型の遺伝子を持っている人は、深刻なストレッサーの経験頻度が高くなると、うつ病の発症率も上がった。また、S型の遺伝子を持っている人でも、深刻な児童虐待経験のある人は、児童虐待経

験のない人と比較して、うつ病の発症率が高かった。つまり、ある遺伝子の型を持つ人は、深刻なストレッサーを経験すると、うつ病を発症しやすくなる。また、双生児法（第7章「双生児研究」参照90頁）を用いた別の大規模な調査では、ストレッサーの経験頻度が高くなると、うつ病に関与している遺伝子の影響を受けた。しかし、ストレッサーの経験頻度が低い場合には、遺伝子の影響は小さかった。

　ストレス脆弱性の研究をまとめると、慢性的にストレッサー（あるいは深刻なストレッサー）を経験することで、ストレスに対する脆弱性を形成する。また、うつ病の発症には何らかの遺伝子が関与しているが、その遺伝子とストレス脆弱性との相互作用によって、うつ症状が発症する。

(3) ストレス生成仮説

　ストレッサーが、うつ症状の引き金（原因）となるのではなく、うつ病の症状のひとつとして、ストレッサーを経験しやすくなるという考え方がある。つまり、ストレス脆弱性と異なり、うつ病を発症したことが原因で、ストレッサーを経験しやすくなると考える。このような考えを、ストレス生成仮説という。人間関係を例にあげると、うつ病になることで、ふさぎこんだり、いらいらしたりするようなうつ症状が出る。それが原因となって、良好な人間関係を営むことができなくなる。その結果、人間関係によるストレッサーが生まれる。

4　うつ病の認知モデル

　うつ病の発症は、精神分裂病などの精神疾患の発症と比較すると、遺伝による影響は小さい。また、うつ病に関与している遺伝子の発現もまた、環境要因（特にストレス）の影響を比較的強く受ける。環境要因には個人差がある。それゆえ、うつ病に関連する環境要因の個人差に注目が集まっている。うつ病の認知モデルでは、その個人差として、ストレッサーをどのように認

知するかに注目している。うつ病の認知モデルには、主に2つの流れがある。ひとつは、セリグマンの学習性無力感実験に始まる一連の研究である。もうひとつは、ベックの認知療法であり、現在のうつ病の認知モデルの主流である。

（1）学習性無力感の流れ

　学習性無力感は、動物実験だけでなく、ヒトの研究でも観察できた。たとえば、プロのスポーツ選手でさえ、大敗を繰り返すと、その後の試合の成績が悪くなる（無気力になる）。しかし、学習性無力感だけでは、ヒトのうつ症状を十分に説明できなかった。そこで、**エイブラムソン**らは、ヒトのうつ病の発症モデルとして、**改訂学習性無力感理論**を提唱した。主な修正点のひとつは、原因帰属の考えを導入したことである。原因帰属とは出来事の原因を考える過程である（第11章「ワイナーの帰属理論」参照147頁）。改訂学習性無力感理論では、コントロール不可能な状況で、どのような原因帰属をするのかに焦点をあてている。うつ症状の発症に関連する原因帰属には、「内在性」「安定性」「全般性」の3つの次元がある。具体的にいえば、コントロール不可能な状況で、経験した出来事（ストレッサー）の原因が、自分にあり（内的帰属）、将来も起こり（安定的帰属）、どのような状況でも起こる（全般的帰属）と考えることである。そのような帰属が、うつ症状を生む。

　さらに、エイブラムソンらは、改訂学習性無力感理論を展開し、絶望感理論を提唱した。絶望感理論では、絶望感が絶望感抑うつ症状を生むと考える。絶望感抑うつ症状とは、自発反応の低下や悲哀感情などの症状である。そして、その絶望感は、否定的出来事（ストレッサー）に対する帰属の仕方によって生まれる。エイブラムソンらは、否定的出来事に対する帰属として、改訂学習性無力感理論の安定的帰属と全般的帰属を取りあげた。

（2）認知療法

　認知療法は、**ベック**によって提唱された（第12章「認知行動療法」参照155

頁）。ベックのうつ病の認知モデルでは、幼少期に形成した歪んだスキーマ（経験によって形成された信念の枠組み）と、環境（ストレスなど）によって、うつ病が発症する。この歪んだスキーマを、抑うつスキーマという。抑うつスキーマによって、経験した出来事を否定的にとらえるようになる（否定的認知）。うつ病患者の否定的認知には、自己に対する否定的思考（自分には価値がない）、現在の状況や経験に対する否定的思考、将来に対する否定的思考がある。また、抑うつスキーマは、感情に対する注意・処理・記憶にバイアス（歪み）を生む。たとえば、悲しみなどの否定的感情に、より注意を向けるようになったり、否定的感情を記憶しやすくなったり、思い出しやすくなったりする。このような否定的認知や感情に対するバイアスが、うつ症状の原因となる。

　認知モデルの根拠は、主に2つある。第一は、認知モデルに基づいた認知療法が、うつ病に対して効果があるという根拠である。認知療法に効果があるのだから、その認知療法の基盤である認知モデルは正しい、という論理である。確かに、認知療法を含めた認知行動療法は、軽度、中程度のうつ病に対しては、薬物と併用することで、その効果を発揮する場合がある。しかし、重度のうつ病や再発を繰り返すうつ病に対しては、十分な効果をあげていない。第二は、うつ病患者の多くは、脳の認知機能に障害があるという根拠である。ある研究では、うつ病患者の9割が、脳の認知機能に障害があると報告している。そして、認知モデルにおける認知の歪みが、うつ病患者の脳の認知機能の障害をよく説明できる。たとえば、ベックの認知モデルでは、感情に対する注意・処理・記憶にバイアス（認知の歪み）を仮定しているが、これらの症状は、うつ病患者の脳の認知機能障害（扁桃体や海馬、それらを調整している前頭前野などの異常）として観察できる。しかし、この根拠にも問題がある。うつ病になった結果、脳の認知機能に障害が発生したのかもしれない。つまり、認知の歪みが原因で、うつ病が発症したのではなく、うつ病が発症したから、認知の歪みが生まれたのである。いい換えれば、認知モデルは、うつ病の発症モデルではなく、単に、「うつ病患者の症状を記述し

ただけである」ということができる。実際、抗うつ薬によって、うつ症状が改善すると、歪んだ認知も改善する。

本章に関連のある重要な人名・学術用語

運動療法、抗うつ薬、行動薬理学、実行機能、人格障害、精神病理学、DSM-Ⅲ、統合失調症、反すう、不安障害、了解と説明

PTSDとカウンセラー誘発需要

　心的外傷後ストレス障害（PTSD）は、ベトナム帰還兵が精神障害を訴えた頃から
注目され始め、1980年アメリカ精神医学会のDSM-Ⅲ（精神疾患の分類と診断の手
引書第3版）に取りあげられたことによって世に広まった。日本では、1995年の阪
神・淡路大震災後以降、日常的に使用されるようになった。PTSDは、戦争、自然災
害、性暴力被害など、生死にかかわる深刻な体験（トラウマ）によって生じる。
PTSDでは、深刻な体験を思い出すような手がかりによって生じる悪夢やフラッシュ
バックなどの再体験や、感覚まひ・引きこもりなどの回避、不眠・攻撃性・集中力の
欠如などの症状があらわれる。

　学習理論では、PTSDは、古典的条件づけによって獲得した恐怖反応が、オペラン
ト条件づけによって維持された状態であると考えている。電車脱線事故に遭遇した場
合、電車（中性刺激）とトラウマ（無条件刺激）が対呈示した結果、電車（条件刺
激）を見た（あるいは想像した）だけで、恐怖（無条件反応）が生じるようになる。
条件刺激は電車に限らず、脱線事故時の煙の臭い、電車の車体の色など、さまざまで
ある。恐怖反応を引き起こす条件刺激から逃れる行動は、本人にとって一時的に効果
があるため（恐怖が減少するなど）、その行動は強化される（条件刺激から逃げる傾
向が強くなる）。結果として、PTSDの主症状である回避行動が形成される。

　PTSDもまた、統合失調症やうつ病などの精神疾患と同様、患者の主観と医師の問
診によって診断し、現在のところ、客観的診断法は存在しない。そのため、PTSDの
過剰診断が問題になっている（PTSDではない症状をPTSDと誤診する）。たとえば、
全米ベトナム復員兵再適応調査では、復員兵の15.4%がPTSDを発症したと診断し
ていた。しかし、その調査を詳しく調べたドーベンマンによれば、PTSDの発症者は
9%、さらに詳細なマクナリの調査では5.4%であった。さらに、メディアなどの影響
によってPTSDという言葉だけが独り歩きし、そこに「こころのケア」の必要性が吹
聴されている。そして、心理療法家がその後押しをしている。

　「医師の説明などによって、医療サービスを受ける患者の需要を生み出す」ことを
医師誘発需要という。カウンセラーなどが「こころのケア」の必要性を過剰に主張す
ることによって、「こころのケア」を求める人がいることは事実である。カウンセ
ラー誘発需要と呼んでもいい。カウンセラーが増えればその需要も高まり、さらに
「こころのケア」を求める人も増える。「こころのケア」は誰のためのものだろうか。

応用

第14章
愛と協力行動

　この章では、愛と協力行動について、少し変わった視点から説明する。変わった視点とは、個人の損得（進化心理学やゲーム理論）と脳内の活動（性ホルモン）である。読者には、進化心理学の科学的限界と、愛の生理学的仕組みについて理解してほしい。一部の読者は、愛を過剰（かじょう）に美化する傾向がある。しかし、人が愛している時、脳の中では、どのようなことが起きているかを知れば、愛を客観的にとらえることができるかもしれない。また、若者が経験している恋と、若者の両親が経験している愛との間には、根本的な違いがあることにも気づいてほしい。

1　進化心理学

　進化心理学は、進化の理論（主に自然淘汰（とうた）説と性淘汰説）に基づき、ヒトの「こころ」や行動を理解しようとする研究分野である。進化心理学では、身体の姿や形と同様に、ヒトの「こころ」や行動も進化による適応の産物であると考えている。しかし、進化心理学は、進化の理論とは異なる学問である。

(1) 自然淘汰説と性淘汰説（進化の理論）

　親から子どもへ遺伝子を受けつぐ時、偶然にランダムで、変異（へんい）した遺伝子を持つ個体が生まれる（変異）。変異は遺伝することがある（遺伝的変異）。変異によって生じた性質（姿・形や行動などの表現型）が、他の性質よりも環境に適応し、生存や繁殖（はんしょく）に有利な場合もある（多くの場合、生存や繁殖に不利

である）。その結果、ある性質を持つ変異個体が、他個体よりも子孫を残すことがある。この現象が**自然淘汰**である。世代をかさねるにつれ、変異個体の性質が、その集団（群や種）内で広がる（その性質を持つ個体が増える）。これが**ダーウィンの進化論**である。自然淘汰説の適応とは、ある性質が次世代に受けつがれることであり、個体間（遺伝子間）の優劣のことではない。正確には、環境に適応するのは個体の性質であり、受けつがれるのは遺伝子である。また、自然淘汰は、群や種ではなく、個体に働く。それゆえ、自然淘汰は、「群や種の保存のために、個体が犠牲になる」と考える群淘汰のことではない。

　自然淘汰では、自然環境が個体を選択（淘汰）するのに対して、**性淘汰**では、繁殖をめぐる争いが個体を選択する。たとえば、大きな角や牙が繁殖競争に有利になったり（強力な武器になる）、派手な鳴き声や装飾（クジャクの羽根など）が繁殖相手に選ばれやすくなったりすることで、子孫を残すことができる。性淘汰は、オスとメスとの間に姿や形の違いを生む。

　性淘汰は自然淘汰に反することもある。たとえば、大きな角や牙を作るためには、余分なエネルギーが必要になるし、派手な鳴き声や装飾は、敵に襲われやすくなる。いずれも生存には不利である。**トリバース**は、親の投資という概念によって、性淘汰を説明しようとした。親の投資とは、自身の繁殖機会を犠牲にして、子どもの生存率を高める行動である。哺乳類の場合、妊娠、出産、授乳など、メスはオスより、早い段階から、子どもにより多くの投資をする。投資量の少ない性（オス）の方が、投資量の多い性（メス）をめぐって争うことになる。争いをするオスは、大きな角や牙、派手な鳴き声や装飾を必要とし、さらにオスとメスとの姿や形の違いが大きくなる。

(2) 進化心理学の自然淘汰

　進化心理学では、ヒトが適応した環境（進化適応環境）は、狩猟採集をしていた更新世（250万年前から1万年前）だと考えている。つまり、現代のヒトの「こころ」や行動は、狩猟採集時代の適応の産物であり、現代社会に適

応しているとは限らない。狩猟採集社会では、集団で生活をしており、階級
などの社会関係があった。そのため、進化心理学では、自然環境への適応に
加え、社会環境への適応も重視する。つまり、狩猟採集時代の社会環境を含
む環境が遺伝子を選択し、その遺伝子が現代人に受けつがれ、現代人のヒト
の「こころ」や行動に影響している。

(3) 進化心理学の性淘汰（配偶者選択）

　異性への魅力は、**適応度**（繁殖成功度）の高さによって決定し、配偶者の
選択に影響する。適応度の高い方が魅力的となる。適応度とは、どの程度、
自分の遺伝子を子孫に残したかであり、次世代に遺伝子が受けつがれた程度
である。また、ヒトが狩猟採集時代に一夫一妻になったことも、配偶者の選
択に影響を与えた（子育てをしたり、強姦や子殺しを防いだりするために、男性
の助力が必要になり、一夫一妻になった）。進化心理学では、このような考え
に基づいて、配偶者の選択に関する以下の仮説を立てている。

　適応度は女性によって決まるため、配偶者選択の際、男性は女性の繁殖能
力を重視する。一方、女性と子どもの生存率は、男性の養育能力によって決
まるため、女性は男性の養育能力を重視する（養育能力とは、食料などの資源
を与えることができる程度である）。たとえば、**バス**は、配偶者を選ぶ時に、
経済力、身体的魅力、年齢（自分より若いこと）などを、どの程度重視して
いるかを、37 の異なる文化圏で調査した。その結果、男性は、女性より身
体的特徴（92% の文化圏で）と年齢（すべての文化圏で）を重視した。女性の
身体的魅力と若さは、生殖能力の高さを意味している。一方、女性は、男性
より経済力を重視した（97% の文化圏で）。男性の経済力は、資源（食料）の
供給能力を意味している。他の研究も、類似した結果を報告している。たと
えば、シンは過去の芸術作品や西洋文化圏での調査から、男性は、ヒップに
対するウエスト比が 0.7 の女性を、好ましいと思うことを示した。ヒップに
対するウエスト比が 0.7 の値の女性が、最も繁殖力が高く、成熟している か
らである。また、男女に共通する魅力として、左右対称な顔や平均顔がある。

そのような顔は、遺伝子の優良さを示しているからだ。

(4) 利他行動

　利他行動とは、自分の利益が損なわれるにもかかわらず、他者の利益のために行う行為である（発達心理学などでは、愛他行動という）。利他行動は自身の適応度を下げるため（子孫を残せなくなる）、自然淘汰に反するように思える。しかし、血縁淘汰と互恵的利他行動によって、利他行動が自身の適応度を高める行為であることを説明できる。利他行動の対象が血縁関係である場合は、ハミルトンの**血縁淘汰説**によって説明できる。血縁淘汰説では、血縁者（遺伝子を一部共有している親族）を助けることは、自身の繁殖の機会を得るより（あるいは自身の子どもを生存させるより）、多くの（あるいは高い確率で）共有する遺伝子を残すことにつながると考える。ヒト以外では、アリやハチなどの真社会性生物でも観察できる（哺乳類ではハダカデバネズミが有名）。血縁関係がない場合は、トリバースの**互恵的利他行動**によって説明できる。他個体を助けることで、短期的には自身の適応度が下がるが、助けられた個体の適応度は上がる。助けられた個体から見返りを受けることで、長期的には自身の適応度が上がる。ヒトを含む霊長類以外では、チスイコウモリで観察できる。

　また、トリバースは、他者に対する好き嫌いの感情は、利他行動をうながす（あるいは、うながされた）ために生まれ、罪悪感や感謝などの感情は、他者から受けた好意に見合う行為をするために生まれたと考えた。そして、そのような感情によって、協力行動が成立する。具体的にいえば、助けられた個体は、助けてくれた個体に対して、好意を持ち、感謝する。逆に、助けられた個体に、恩を返さなければ、罪悪感を持つ。そのような感情によって、助けてくれた個体に恩を返す行為がうながされる。こうして、助け合うという行動が生まれる。つまり、動物の協力行動が、種の保存のために進化したのではないように、進化心理学では、ヒトの協力行動も、他者のためではなく、自身の生存や繁殖のための行動であると考えている。

―――――――――

2　男女と恋愛

(1) 性ホルモンと性

胎児の性腺（生殖腺）は、遺伝的に男性であれば精巣に、女性であれば卵巣にできる。性腺から放出した**テストステロン**（性ホルモン）によって、脳が男性化する。男性化する（あるいは女性化する）とは、**性ホルモン**によって、男女の行動が影響を受けるという意味である。いい換えれば、テストステロンの介入がない限り、女性の脳が完成する。思春期に入ると、性ホルモンに変化が起こる（図14-1）。具体的には、視床下部から性腺刺激ホルモン

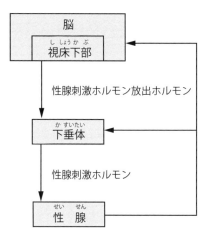

図14-1　性ホルモンの影響

放出ホルモンを分泌し、下垂体から性腺刺激ホルモンを放出する。性腺刺激ホルモンは、循環系によって性腺に運ばれ、性腺（卵巣・精巣）からエストロゲンとアンドロゲン（性ホルモン）を分泌させる。男性の精巣からは、アンドロゲンをエストロゲンよりも多く分泌し、女性の卵巣からは、エストロゲンをアンドロゲンより多く分泌する。その一方で、性腺からのフィードバックが脳に伝わることで、性ホルモンは男女の行動に影響を与える（男女の行動に違いが発生する）。

(2) 恋愛とドパミン

恋をすると、エネルギーにあふれ、眠れなくなり、異性との出来事をより詳しく記憶するようになる。こうした現象には、ドパミンとノルアドレナリンが関係している。恋をすると、中脳の**腹側被蓋野**が活動し、**ドパミン**と呼

嫉妬の性差と進化心理学の限界

　男性はパートナーの性的浮気（性的関係を持つ）、女性は精神的浮気（好きになる）に傷つくという説がある。進化心理学では、それは狩猟採集時代から受け継がれた心的メカニズムであると考えている。狩猟採集時代の男性は、パートナーの子どもが自分の子どもかどうか確信できない。そこで、自分の遺伝子を残すために、パートナーが別の男性と性交しないように用心する（性的浮気に傷つく）。一方、女性が自分の遺伝子を残すためには、パートナーが自分と子どものために食料を持ってくる必要がある。そこで、パートナーが別の女性に食料を与えないように用心する（精神的浮気に傷つく）。進化心理学者であるバスは、「恋人が別の異性と性交した場合」と「好きになった場合」、どちらがより傷つくか、大学生に選択させた（強制選択法）。すると、男性の6割が性的浮気を選択し、女性の8割が精神的浮気を選択した（男性は女性より性的浮気に傷ついた）。

　しかし、以下のように、最大規模のメタ分析の結果（87研究13万人の結果）はバスの仮説を支持していない。強制選択法を用いるとバスの仮説通りになるが、性差は極めて小さく、実際に浮気された人に限った研究では、性差はみられなかった。また、ゲイやレズを対象にした研究結果は、バスの仮説に反していた（進化心理学では性的志向ではなく、生物学的性によって決まると考えるが、そうはならなかった）。さらに、強制選択法ではなく、浮気に対して傷ついた程度を質問する方法（段階評定法。たとえば「とても傷つく」「少し傷つく」「あまり傷つかない」から選択する方法）を用いると、92%の研究結果がバスの仮説を支持しなかった。

　進化心理学では「男性は性的浮気に傷つき、女性は精神的浮気に傷つく」という心的メカニズムを狩猟採集時代に獲得し、その心的メカニズムを生む遺伝子が現代人に受け継がれていると考えている。それが正しいのなら、狩猟採集時代の人が「男性は性的浮気に傷つき、女性は精神的浮気に傷つく」ことを実証し、かつ、狩猟採集時代の人と現代人が、その心的メカニズムを生む遺伝子を共有していることを実証すべきである。しかし、バスの仮説は進化心理学を支える根幹的研究のひとつであるにもかかわらず、それらを支持する科学的データは存在しない。さらに、バスの仮説のみならず、進化心理学が説明する多くの心的メカニズム（特に配偶者選択に関する性差）は、別の理論（性役割や社会的学習など）によって十分に説明できる。しかも、それらの説明には、十分な実証データが存在しているが、進化心理学はそうではない。

ばれる神経伝達物質を分泌する（コラム3参照15頁）。ドパミンは**報酬系**（神経回路）に作用し、快楽を得る（第1章「報酬系」参照17頁）。つまり、恋をすると、食事などと同じように、脳内で快楽を得る。そして、再び快楽を得ようと、動機づける。たとえば、好きになった異性に近づきたいと思ったり、異性の情報を得たいと思ったり、異性を射止めたいと思ったりする。そのような行為が喜びを生む。ドパミンは、作業記憶（第6章「短期記憶貯蔵庫」参照72頁）や注意などの認知機能にも関係している（集中力が高まったりする）。**ノルアドレナリン**は、交感神経系を活動させ、心拍数が高まり、ドキドキが止まらなくなったり、眠れなくなったりさせる（第3章「自律神経系」参照36頁）。また、扁桃体（快不快、好き嫌いを判断）や海馬（新たな記憶を貯蔵）にも作用し（コラム2参照13頁）、長期記憶（第6章「長期記憶貯蔵庫」参照75頁）の形成をうながす。つまり、その異性と好きだという感情を、強く関連づけて記憶する。また、その異性との出来事などを、より詳しく記憶するようになる。ドパミンの分泌は、思春期を超えたころから、年齢をかさねるにつれ減少する。それゆえ、思春期のころ、このような恋の病を強く経験できる。また、ドパミンは、視床下部を介してテストステロン（性ホルモン）の濃度を上げ、性欲を生む。しかし、他の哺乳類と比較すると、ヒトの場合、性ホルモンによる性行動への影響は弱く、女性の場合は、男性よりさらに影響を受けにくい。

　恋に落ちると、その初期段階で、大脳皮質の前頭葉の活動が、逆に、抑えられることもある（ドパミンを分泌すると、通常、前頭葉の活動は活発になる）。前頭葉は、思考や判断、情報の処理、自制などに関係している。それゆえ、好きになった相手を、批判することなく、受け入れるようになる（相手の悪いところが見えなくなる）。

（3）愛とオキシトシン

　特定の異性に対して、ドパミンやノルアドレナリンを分泌する期間は短く、数か月から1年程度である。しかし、このような短期間の恋とは別に、長い

オキシトシンと社会的行動

　オキシトシンは、出産時に子宮を収縮し（陣痛を促す）、乳の分泌を促進するホルモンである。動物実験で、母性行動や社会的行動を促すオキシトシンの作用が発見されると、ヒトの社会的行動への影響を調べる研究が盛んに行われた。そのような研究のひとつに、2005 年に Nature 誌で発表された信頼ゲームがある。

　その実験では、参加者にオキシトシンを鼻腔から少量注入し、信頼ゲームを行った。信頼ゲームでは、参加者を投資家（互いに面識はない）と受託者に分けた。そして、両者の口座に 12MU（1MU は約 45 円）の資金を振り込んだ。その資金を元手に、投資家は 0、4、8、12MU のいずれかを受託者に送金した。すると、投資家が送金した 3 倍の MU が、受託者の口座に振り込まれた。受託者には投資家に MU を返金する機会が与えられ、受託者自身が返金する金額を決定した。すべての MU を返金しても、まったく返金しなくてもよかった。両者には、信頼ゲームで得た MU を換金した金額が、実験の報酬であると伝えた。すると、オキシトシンを注入した投資家が送金した中央値は 10MU（注入しなかった投資家の中央値は 8MU）であり、投資家の 45% が最大額の 12MU を送金した（注入しなかった投資家は 21%）。この結果は、オキシトシンが投資家の信頼を促したことを意味している。しかし、投資先を受託者ではなくプロジェクトに変えた実験では、オキシトシンの効果はなかった。具体的には、オキシトシンを注入した投資家の送金額の中央値は 8MU（注入しなかった投資家の中央値も 8MU）、投資家の 10% が最大額を送金した（注入しなかった投資家も 10%）。つまり、オキシトシンは投資（リスク行動）を促したわけではなかった。しかし、この実験は再現できないとの指摘がある。

　さらに、オキシトシンは、自閉症の症状を改善する治療薬としても期待されている。実際、ヒトに単回少量投与すると、自閉症の社会的行動や共感性が一時的に改善する。しかし、複数回あるいは長期にわたって投与した研究では、そのような改善は観察されない。オキシトシンの作用は、単純ではなく複雑である。たとえば動物実験では、オキシトシンの投与量を上げると社会的行動が阻害される。また、オキシトシンは脳の側坐核で社会的行動を促す社会的報酬として作用するが、その作用にはセロトニンの関与が必要である。さらに、ヒトの研究では、オキシトシンを鼻腔から注入するが、この方法ではオキシトシンが脳内に到達するかどうか不明確である（動物実験の場合は脳内に注入する）。

_____

期間にわたって、異性を思いやる愛がある。このような愛は、オキシトシンやバソプレシンというホルモンが関係している（両者は、視床下部で合成し、下垂体から血中に放出する。神経伝達物質としても働く）。たとえば、一夫一妻を好む平原ハタネズミでは、乱交を好む山岳ハタネズミより、バソプレシン受容体が脳で強く発現している。しかし、平原ハタネズミのバソプレシンの活動をさえぎると、ハタネズミは乱交になる。逆に、山岳ハタネズミのバソプレシン受容体を活動させると、一夫一妻を好むようになる。

　オキシトシンは、出産、授乳中、交尾（オーガズムの際に血中濃度が上昇）によって合成される。しかし、信頼されていると感じた時や、信頼しているパートナーとのスキンシップによっても分泌する。その際に、**側坐核**（報酬系）を介してドパミンを放出し、快楽を感じる。オキシトシンが関与している脳の領域（ヒトでは側坐核、扁桃体、視床下部、前部帯状回など）は、ドパミンの分泌調整（報酬系）や感情・社会行動の制御にかかわっている。つまり、オキシトシンは、パートナーを信用したり、スキンシップをしたりするような行動をうながし、愛情を育む役割を持っている。

　また、オキシトシンは、視床下部や扁桃体（不安や恐怖、ストレスに関与）に作用することで、不安や恐怖、否定的感情やストレスを低下させる。たとえば、メスのマウスにオキシトシンを注入すると、オスに対する攻撃（警戒心）が低下する。つまり、パートナーとの信頼関係がオキシトシンを分泌し、女性の不安やストレスは低下する。こうしたことから、世間では、オキシトシンは、夫婦のきずなを強めるホルモンとして知られており、抱擁ホルモン、愛のホルモンと呼ばれている。

3　ゲーム理論と協力行動

　ゲーム理論は、利得関係のある状況で、個人（プレイヤー）の行動を分析する学問であり、1940年代に、数理科学者の**フォン・ノイマン**によって提唱されたものである。以下、ゲーム理論で用いている代表的な課題である、

囚人ジレンマと進化ゲームを紹介する。囚人ジレンマや進化ゲームは、進化心理学や行動経済学で使用されることが多く、心理学との関連性も強い。

(1) 囚人ジレンマ

　囚人ジレンマには、2名の共犯者（プレイヤー）がいる。ふたりは別々の部屋で取り調べを受け、以下のことを伝えられる。ふたりが自分の罪を自白すると、ともに懲役5年になる。逆に、ふたりがともに黙秘すると、証拠不十分で、ともに懲役1年になる。一方の容疑者が仲間を裏切って自白した場合、裏切った容疑者は警察との取引によって釈放されるが、裏切られた容疑者（黙秘した容疑者）は懲役10年になる。そしてプレイヤーは、「自白」（裏切り）か「黙秘」（協力）か、判断（意思決定）をする（図13-2参照）。ふたりは別々の部屋で取り調べを受けているため、互いにどのような判断（意思決定）をしたか知ることはできない。視点を変えると、相手が自白した場合、自分が自白すると懲役5年（黙秘すると懲役10年）、相手が黙秘した場合、自分が自白すると釈放（黙秘すると懲役1年）。つまり、相手の意思決定にかかわらず、「自白」（裏切り）を選択した方が、刑は軽くなる（利益を得る。利得が高くなる）。

　囚人ジレンマが1回だけであれば、最も利得が高い戦略は、「自白」（裏切り）である。しかし、繰り返しゲームをする場合は、初回の相手の意思決定（「協力」か「裏切り」）が、次回の自分の意思決定に影響する。たとえば「裏切り」を選択すると、次のゲームで、相手も「裏切り」を選択するかもしれない。そのことを考えて、初回の意思決定をしなければならない。アクセルロットは、繰り返しゲームをした場合、最も利益を得ることができる戦略について考えた。そして、囚人ジレンマで、高得点を取ることができるプログラムを競うことにした（刑期が短いほど得点が高くなる）。すると、優勝したプログラムは、しっぺ返し戦略を用いたプログラムだった。**しっぺ返し戦略**とは、初回は「協力」を選択し、2回目以降は、相手が前回に選択した意思決定と同じ意思決定を選択する方法である。たとえば、相手が初回に「協

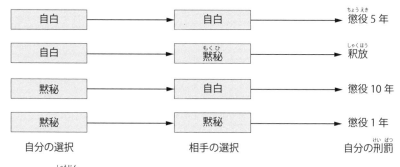

図 14-2　囚人ジレンマの概要

力」を選択した場合には、2回目に「協力」を、2回目に相手が「裏切り」
を選択した場合には、3回目には「裏切り」を選択する。

　しかし、繰り返す回数があらかじめわかっている場合には、「裏切り」を
選択することが、最も利益を得る方法である。ゲームの最終回は、最終回の
意志決定が次回のゲームに影響しないため、「裏切り」を選択する方が得で
ある（ゲームが1回のみの場合と同じ理由）。最終回の1つ前の回では、「協
力」「裏切り」のどちらを選択しても、最終回で相手は「裏切り」を選択す
るのだから、「裏切り」を選択する方が、利益を得ることができる。結局、
ゲームの初回から「裏切り」を選択し続けることで、最も利得が高くなる。

　プレイヤーが2名から n 人になった場合でも、互いに相手の意思決定が
わからない場合、すべてのプレイヤーが「裏切り」を選択すれば、プレイ
ヤーは利益を得る。しかし、現実社会でそのようなことをすると、社会全体
としては損をすることになる。たとえば環境問題の場合、すべての人がゴミ
の分別をしなければ、ゴミ出しをする人の手間をはぶくことができる（ゴミ
を出した人物を特定できない場合）。しかし、分別しないことによって、社会
全体として、ゴミ問題をかかえることになる。また、すべての国家が環境問
題を無視して、経済を優先すれば、それぞれの国は豊かになる。しかし、地
球規模では、環境が悪化する。節水や節電、給食費の未納、国民年金の未納
も、同じような構造である。

(2) 進化ゲーム

進化ゲームでは、プレイヤーは進化論で説明した個体、戦略は身体の姿や形などの表現型、利得は子孫を残す程度を示す適応度に相当する。利得の高い戦略は生き残り、利得の低い戦略は滅んでしまう。意思決定はプレイヤーの利得期待（損するか、得するかの予想）ではなく、戦略によって決まる。しかし、戦略は遺伝子によって決定するので、戦略は変えることができない。

タカ・ハトゲームは、儀式的闘争に関する進化ゲームである。儀式的闘争とは、同種間（同群間）の争いによる致命傷を避けるために、威嚇などによって、両者の優劣（勝敗）を決めることである。タカ・ハトゲームでは、競合する資源（食料やなわばり）をめぐって争う。戦略はタカ派とハト派の2つがある。つまり、「タカ派が生き残るのか」「ハト派が生き残るのか」というゲームである（タカ派もハト派も同種・同群。戦略を変えることはできない、という点に注意）。タカ派は、資源の獲得のために争いをする。一方、ハト派は、争いを避け妥協をする。ハト派はタカ派に出会うと、資源の獲得をあきらめる（0点）。ハト派がハト派に出会うと、互いに資源を分け合い、資源の半分を得る（5点）。タカ派がハト派に出会うと、威嚇し資源を独占する（10点）。タカ派がタカ派に出会うと、資源を奪い合い（勝敗は五分五分）、資源の半分を得る（5点）。しかし、争いによって傷つくことがあるため（争いによるコスト）、実際の利得期待は、資源を得ることによる利益から、コストを引いた値の2分の1になる（5点未満）。

資源の利得が、争いによって傷つくコストを上回る場合（利得期待がプラスになる）、タカ派の利得の方が大きい。タカ派は、タカ派だろうがハト派だろうが、どちらに出会っても利益を得ることができる。しかし、ハト派はハト派に出会わない限り、利益を得ることはできない。この場合、この集団（種や群）のハト派は滅び、タカ派ばかりになる。このことは、「進化は種の繁栄のためではなく、個体に対して働く」（自然淘汰）ことと一致している。種全体のことを考えると、種内のすべての個体がハト派になれば、利得は大きくなる。しかし、ハト派ばかりになることはないからである。

　一方、資源の利得より、傷つくコストの方が大きい場合は（利得期待がマイナスになる）、タカ派のみにはならない。この条件では、ハト派が多い集団では、タカ派の利得が大きくなり、タカ派が多い集団では、ハト派の利得が大きくなる。それゆえ、集団内で、どちらか一方の戦略を取る個体のみにはならない。

本章に関連のある重要な人名・学術用語
行動経済学、最適反応学習、社会生物学、ナッシュ均衡、人間行動生態学

コラム25 激しいキスによる免疫活性化とイグ・ノーベル賞

　激しいキスの生化学的利点を明らかにしたとして、木俣を始めとする8名の研究者が2015年イグ・ノーベル賞（医学賞）を受賞した。イグ・ノーベル賞は、人を笑わせ考えさせる研究に贈られる賞である。イグ・ノーベルは「イグノーブル」にかけた言葉である（イグノーブルの意味は、下品、不名誉、恥ずべきなどである）。木俣が行った2003年の研究では、アレルギー性鼻炎あるいはアトピー性皮膚炎の女性に、パートナーとムードのある部屋で30分間自由にキスをさせた。その直後にアレルギー反応を測定（皮膚プリックテストと血中成分分析）した。すると、実験の直前のデータと比較して、アレルギー反応が緩和した。2週間後にもう一度、同じ状況・時間にキスの代わりに抱き合った。しかし、アレルギー反応は変化しなかった。つまり、キスがアレルギーを緩和した。2004年には、木俣は性交でも同様の効果を確認した。木俣とともに、イグ・ノーベル賞を受賞した研究グループは、激しいキスの後、女性の唾液を採取し、その唾液から男性のDNAを検出した。木俣の発見に類似した発見がある。たとえば、2015年に発表したインディアナ大学のキンゼイ研究所のローレンツらの研究がある。この研究では、閉経していない女性を対象に、性行為をしている女性（少なくとも週に1度、性行為をしている）と、4か月間に性行為のない女性のリンパ球のヘルパーT細胞（免疫細胞）を比較した。すると、黄体期（受精卵が着床できる状態であり、妊娠しやすい時期）には、性行為をしている女性の免疫細胞が活性化していた。

　木俣の論文を掲載した雑誌（Physiology and Behavior誌）は一流雑誌ではなく、イグ・ノーベル賞の多くはこうした雑誌に掲載されている。イグ・ノーベル賞の心理学部門では、1993年には「宇宙人に誘拐されたと主張する人は、実際に誘拐されている」とする研究が、1995年には「ハトがピカソとモネの絵画を弁別（区別）できる」という研究が、2011年には「あきらめたり、どうしようもなかったりした時にため息をする」という研究が、2016年には「幼年期から思春期にかけて嘘をつく頻度が高くなり、思春期以降から嘘をつく頻度は低下する」という研究などが受賞した。2016年の知覚部門では、股のぞきの仕組みを解明した研究が受賞した。ピカソとモネのハトの弁別実験は慶應義塾大学の渡辺ら、股のぞきの研究は立命館大学の東山らの研究であった。

本質

補講
あなたの心理学の知識は間違っている

　大衆が持っている心理学の知識の多くは、「間違い」あるいは「正しくない（正確ではない）」のどちらかである。それは、大学で心理学を学んだ人も同じである。その原因の多くは、「科学と科学的発見に対する誤解」と「科学的発見を伝える過程」にある。最終章では、大衆が心理学の発見を誤解する仕組みと、心理学の発見が歪められて、大衆に伝えられる仕組みについて説明する。この章を通じて、読者が、心理学の本当の姿を理解することを期待している。それこそが、正しい心理学を知ることであり、本書の目的でもある。本章こそが、最も心理学らしい章であることを、理解できるようになれば、心理学を好きになることができるだろう。この章を読む前に、第9章の「心理学の根拠」をふり返ることを勧める。

1　科学と科学的発見に対する誤解

(1) 絶対的真実は存在しない

　科学的に正しいことは、絶対的真実のように思うかもしれない。しかし科学では、断言できる真実は存在しない。科学的に正しいこととは、「反証されず残っている仮説」のことである。あらゆる理論や法則は、仮説にすぎない。しかし、「反証されず残っている仮説」には、「確からしさ」に違いがある。科学的発見が発表されると、その仮説が正しいかどうかを確かめる研究を行う。たとえば心理学の場合、研究対象の属性を変えたり、条件を変えたりしながら、研究を繰り返す。同じ結果が繰り返された発見は、「確からし

さ」が高くなり、矛盾した結果が発表された発見は、「確からしさ」が低く
なる。この場合の「確からしさ」を**再現性**という。ヒトを対象にした心理学
の実験（特に社会心理学や認知心理学）の再現性は、他の科学分野と比べて極
めて低い（コラム 26 参照）。そのため、「〇〇現象や〇〇効果が再現できな
かった」という欧米の論文を聞きかじって、「心理学の発見は嘘である」と
主張する人がいる。しかし、その人の主張は、明らかに誤っている。たとえ、
ある発見が再現できなかったとしても、それはその発見の「確からしさ」が
減少したことを意味するのであって、その発見が誤っていたことを意味しな
いからである。

　また、研究方法が科学的に厳格であるほど、その発見の「確からしさ」は
高く、厳格でないほど「確からしさ」は低い。心理学は、他の科学分野と比
較すると、科学的方法の厳格さが欠けている。たとえば、多くの科学分野で
は、実験群と統制群の違いは操作のみであるが、心理学では操作以外の条件
も異なっている。ヒトを対象にした実験の場合、実験群と統制群とでは、参
加者の遺伝情報やパーソナリティでさえ違う。その場合、研究の結果が示し
ている両群の違いは、操作ではなく、遺伝情報やパーソナリティの違いであ
るかもしれない。

　「確からしさ」の程度は、心理学の中でも、大きく異なる。たとえば、準
実験は、実験と比較すると、「確からしさ」が低い（準実験とは、意図した操
作や厳格な統制を欠く実験であり、社会心理学や認知心理学の実験の多くは準実
験である）。また、直接観察可能な行動よりも、直接観察不可能な認知など
に関する理論や法則の「確からしさ」は低い。しかし、他の科学分野と比較
すると、心理学の「確からしさ」は全般的に低く、心理学が、占いなどの非
科学と同様にあつかわれる原因になっている。それは、心理学の研究方法が
科学的に未熟だからであり、決して、「こころ」を研究することが非科学だ
からではない。

　科学的発見が仮説にすぎないということは、「ひとつの新しい科学的発見
によって、その発見と矛盾する理論や法則が、否定されるわけではない」と

くつがえる発見

　他の科学分野よりも、心理学の発見は頻繁にくつがえる。たとえば、ワッチング・アイ効果がある。この効果は、人の目の写真やイラストなどを見ると、見られているという意識が高まり（実際に見ている他者がいなくても）、向社会的行動を促す現象である。この研究に基づき、目のステッカーが、防犯目的で東京都などの公共の場で使用された。しかし、ワッチング・アイ効果が確認できないという研究が、繰り返されると、著者のフェスラー自らが 2018 年の学会講演で、この論文を引用しないように呼びかけた。2012 年 Nature 誌に掲載された「熟考する時間があるより、迅速に判断した方が、公共財ゲームで協力的になる」というランドらの研究も、再現できないことが報告されている。また、意志力には限りがあり、使い果たすと、自制心が低下するという自我消耗説も同様である。「目の前の菓子を食べることを我慢できれば、後でより多くの報酬がもらえる」というミシェルのマシュマロ実験では、就学前の子どもの自制心（菓子を我慢できる）が、その後の学業成績を予測するという説明も再現できなかった。マシュマロ実験の再現実験では、子どもの自制心は家庭の経済状況と関係しており（裕福だから我慢できた）、子どもの自制心ではなく、子どもの経済状況がその後の学業成績を予測した（裕福であるほど成績が良くなる）。

　特に社会的プライミングや身体化された認知の研究領域で、研究の再現性が疑われている。社会的プライミングは、態度・ステレオタイプ・目標などが、無意識（注意を払っていない状況）に思考や行動に影響を及ぼす現象である。バージらの社会的プライミングの実験では、高齢者を暗示する単語を参加者に呈示すると、参加者の歩行速度が遅くなった。つまり、高齢者に対するステレオタイプが、歩行に影響を及ぼした。身体化された認知は、無意識下での物理的な行動や感覚が、感情などの心理状態に影響を及ぼす現象である。身体化された認知の研究として、2006 年 Science 誌に発表されたマクベス効果がある。マクベス効果とは「手を洗うことで罪意識が軽減する」という現象で、「身体的清潔さと道徳的清潔さは密接に関連し、両者は入れかえることができる」という考えに基づいている（手を洗う行為は身体だけでなく、道徳的にも清潔になる）。また、2008 年 Science 誌に、温かいコーヒーカップ（アイスコーヒーに比べて）を手に持つと、他者を「あたたかく、親しみが持てる」と評価するという研究が発表された。身体が暖まると、人間関係も温まるという研究である。これらの研究はすべて、再現できないという報告が繰り返されている。

いういうことも意味している。新しい科学的発見は、「反証されるか、反証されず残るか、これから決まる仮説」にすぎない。しかし、すでに存在している理論や法則は、ひとつひとつの研究の積み重ねによって、「確からしさ」を高めている。たとえば、古典的条件づけに矛盾した科学的発見が発表されても、「古典的条件づけが誤りである」という結論にはならない。古典的条件づけは、繰り返し観察されてきた「確からしさ」の高い現象だからである。

　科学的発見が仮説にすぎない例であり、心理学の危うさの例として、以下の (2)「アーティファクト」と (3)「どのような仮説でも実証できる」をあげて説明する。

(2) アーティファクト

　科学的発見の中には、アーティファクトが原因であることがある。**アーティファクト**とは、科学研究において、意図することなく観察された人為的現象である。わかりやすくいうならば、人が研究にかかわることで、考えてもいなかったことが起こり、そのことが原因となって、研究結果が影響を受けることである。科学的発見がアーティファクトが原因である場合、その科学的発見は意味をなさない。古くから知られているアーティファクトには、認知バイアス、要求特性（実験参加者が実験者の意図にしたがおうとする）、実験者効果（コラム 14 参照 116 頁）、実験参加者の実験に対する動機（やる気）、実験参加者の能力などがある。アーティファクトに、プラセボ（第 12 章「プラセボ効果」参照 162 頁）を含めてもいいかもしれない。心理学では、あらゆる手続き（実験者の行為）がアーティファクトになりえる。アーティファクトは、コンピュータが制御する実験でも発生する。しかし、研究者は、アーティファクトに気づかず、論文を発表することがある（査読者も気がつかず、学術雑誌に掲載してしまう）。さらに、心理学で繰り返し、同じ結果を再現している発見であっても、それはアーティファクトが原因であるかもしれない。いい換えれば、科学的発見がアーティファクトではないという前提条件のもとで、その発見に意味を持たせている。

ハンスとベム

　19世紀後半から20世紀にかけて、オステンの飼っているウマ（ハンス）が、足を踏み鳴らすことで四則算などに正答し、話題になった。同じ頃、「アメリカのウマ（ワンダ）は、超能力を用いて人間のこころがわかる」という論文が、権威ある心理学雑誌に発表された。しかし、その後の調査で、ハンスもワンダも、飼い主の行動や微妙な変化を手がかりにして、ウマが問題に答えていたことがわかった。

　2011年、再び超能力の論文が発表された。著者は高名な心理学者のベムだった。ベムは異なる9つの研究（のべ1,000名以上の実験参加者）からなる実験によって、予知の存在を実証した。最も代表的な実験は、48単語（食品、動物、職業、衣類の4カテゴリ）がコンピュータ画面に出現し、その後、覚えた単語をタイプするものだった。まず、48単語の内24単語がランダムに出現した（4カテゴリからそれぞれ6単語）。次にカテゴリのひとつを選択すると、6つの空欄が出現し、そこにこれから覚えることになる単語をタイプした。この作業をすべてのカテゴリで実施した。実験の結果、参加者は将来画面に出る（訓練することになる）単語をより多く記憶していた。つまり、どの単語が画面に表示されるか、わからないにもかかわらず、訓練することになる単語を、訓練する前に記憶していたことになる。別の研究では、コンピュータ画面上に2枚のカーテンが登場し、どちらか一方のカーテンの裏には写真が隠れていた。写真が隠れているカーテンを参加者に予想させると、写真がエロティックな場合、正解率は50%を超え53.1%であった（有意な効果）。

　ベムの実験の手続きは厳格であり、実験に使用したプログラムを公表し、誰もが同じ研究を行うことができた。また、実験参加者は特殊な人間ではなく、健康な大学生であった。この点で、多くの人が知っている超能力の実験とは異なっていた。しかし、研究を発表した直後から、多くの研究者が、結果の不自然さを指摘した。そして、リッチらの追試がPLoS ONE誌で発表された（2012年）。この研究では、ベムとほぼ同じ手続きを用いて、3つの異なる研究室で独立に実験を行った。しかし、ベムと同じ結果にはならなかった。その後、ベムの発見が再現できないという結果が繰り返し発表された。この問題はNature誌やScience誌などでも取り上げられ、心理学の研究手法の危うさが指摘された。2017年には、ベムの実験はやらせだったという証言が出た。ベムの実験を掲載した学術雑誌は心理学では一流雑誌であったが、その雑誌は、かつてワンダの論文を掲載した雑誌（派生雑誌）でもあった。

---

(3) どのような仮説でも実証できる

　科学的発見に関する究極の誤解について説明する。それは、どのような仮説であっても、統計的検定（第9章「統計的検定」参照124頁）を用いている限り、研究を繰り返し行えば、必ずその仮説を支持する結果を得ることができることである（具体的にいえば、有意な差や相関を得ることができる）。同様に、複数の研究室で、同じ仮説を研究すれば、かなり高い確率で、その仮説を支持する科学的発見を発表できる。このことは、注目されている仮説は実証されやすいことを意味している。サイコロの1の目が出ることは偶然にすぎないが、何度もサイコロをふれば、必ず1の目が出る。「何度もサイコロをふった」という事実を隠せば、誰でも、確実に1の目を出すことができる。仮説もサイコロも、その点では同じである。

(4) 本質的問いには答えることができない

　科学は、本質的問いに答えることができない。心理学もまた、「こころ」についての本質的答えを提供できない。たとえば、第14章の「男女と恋愛」を学んでも、「愛とは何か」という答えを得ることはできない。また、本書のどの章を読んでも、「こころとは何であるのか」という究極の問いに対する解答は書いていない。しかし、読者は、他の科学分野と異なり、心理学に対して、本質的答えを求めようとする。人間性心理学のように、科学的方法を捨て、本質的答えを探求しようとする学問もあるが、そのような学問は心理学ではない。

(5) 直観的思考

　読者の多くは、確率より直観的思考を重視している。嘘だと思うなら、コラム28（198頁）の問題を解いてほしい。トゥベルスキーと**カーネマン**は、意思決定を行う時、直観的思考が、思考のかたよりや歪みを生むことを指摘した。直観的思考によるバイアスは、科学的発見を否定することにつながる。たとえば、廊下の地面に目印があり、その廊下を一定の速度で歩きながら、

その目印にビー玉を落とすとする。目印の真上に来た時に、ビー玉を落とすと、どうなるだろうか。多くの読者は「ビー玉が目印にあたる」と考える。しかし、実際には、ビー玉は目印にはあたらず、目印より少し前方に落ちる。このような物体の単純な動きに対する、誤った信念を直観物理学という。「こころ」はとても複雑であるが（物体の動きよりもはるかに複雑である）、身近なテーマであるため、直観にしたがった信念を持ちやすい。そして、その信念に反する科学的発見を否定する。直観を頼りにするのは、読者だけではない。1900年代初頭までの医師と同様に、確率を軽視し、臨床経験を重視するカウンセラーは、現在でも少なくない。確率を無視し、個人の経験によって、診断・治療する医師の姿を思い浮かべると、臨床経験を重視するカウンセラーが、いかに恐ろしいことをしているか、容易に想像できる。

(6) 確率と証言・事例

　非科学的考えや非科学的治療法であっても、それを支持する証言や事例がある。そして、効果のあった証言や事例をあげて、非科学的考えや非科学的治療の効果を主張する。たとえば、ダイエットの宣伝では、ダイエットの効果があった事例として、視聴者が望んでいるような体形などを広告で流す。非科学的治療法では、治療に満足した患者の証言を列挙する。フロイトの精神分析では、治療の根拠として、その思想に合った症例、フロイト自身の体験（父親との死別）、神話の例を取りあげている。これらはすべて、科学的根拠にはならない。

　しかも、このような証言や事例を信じる読者は、心理学の理論や法則に反する証言や事例を根拠に、心理学の理論や法則が誤りだと主張する。そのような読者は、喫煙者の中に、がんにならず長生きしている人がいることを例にあげ、喫煙とがんとの関係を否定する人と同じである。このような読者は、がんと喫煙との関係と同様に、心理学の発見が統計的確率に基づいており、「すべての人にはあてはまらない」ことを理解していない。

　証言や事例を信じる背景には、**確証バイアス**がある。確証バイアスとは、

コラム28 確率計算におけるバイアス

【問題】40 人学級で、誰かと誰かの誕生日が一致している確率はどの程度だろうか。直感で予想してほしい（ある特定の日に生まれる確率は 365 分の 1）。【解答】誕生日が一致する確率は、かなり低いと考えるかもしれない。しかし、その確率は 89.1% である。同じ誕生日の人が存在しない確率は 10.9% であり、1 から 0.109 を引いた値が 89.1% となる（詳細な計算過程は省略）。予想よりも高い確率だったであろう。

【問題】1 万人に 1 人がかかる難病がある。その難病の検査では、「難病でないにもかかわらず、難病であると判断してしまう確率（偽陽性の確率）」が 2% である。あなたがこの検査を受けて難病だと診断されたら、あなたがその難病に罹患している（陽性である）確率は何 % だろうか。【解答】98% だと思ったあなたは不正解。まず、偽陽性だと判断される人数を計算する。10,000 人のうち 1 人が罹患しているため（この 1 名が陽性）、10,000 人からその 1 人を引く。残った 9,999 人のうち 2% が偽陽性なので、199.98 人（およそ 200 人）が偽陽性となる。偽陽性 200 人と陽性 1 人を合わせた 201 人のうち、陽性 1 人の割合は（1 ÷ 201 × 100）でおよそ 0.5% となる。あなたが難病である確率は、わずか 0.5% にすぎない。

【問題】大病院と小病院の 2 つの病院がある。大病院では 1 日に 100 人の子どもが、小病院では 10 人の子どもが生まれる。男児は 50% の確率で生まれるが、日によって男女の割合は変化する。1 日に生まれた子どもが男児である割合が、60% を超えた日数を 1 年間数えた。60% を超えた日数は、どちらの病院が多いか。以下の 3 つの中から選んでみよう。①大病院。②小病院。③どちらの病院も同じ。この問題はトゥベルスキとカーネマンが 1974 年 Science 誌で発表した。【解答】多くの読者は③と解答するかもしれない。しかし、正解は②の小病院。サイコロを振れば振るほど、6 の目が出る確率が 6 分の 1 に近づくのと同様に、出生数が増えるほど男児の出生率は 50% に近づく。つまり、出生数の多い病院ほど 50% の出生率に近づくが、出生数が少ない小病院では、50% の出生率から外れた値（60% を超えた日数）が出現しやすくなる。【復習】ある年の自閉症の発症率が最も高い都道府県は、鳥取県である理由を考えてみよう（事実ではない）。その理由は、鳥取県の人口が少ないからである。人口が少ないほど、正確な発症率から外れた数値が出やすくなる。鳥取県のカウンセラーが少ないからでも、鳥取県の母親の愛情が足りないからでもない（事実ではない）。しかし、そのように思っている似非科学者が存在する。

自分の考えに都合のいい情報を選択・重視し、自分の考えに反する情報を排除・軽視する傾向である。証言や事例が科学的発見と矛盾すると、確証バイアスによって、科学的発見を否定する。確証バイアスは、研究者にも見られる。たとえば、精神分析のように、ある仮説に一致した証拠のみを集める行為である。

　科学的発見に反する証言や事例を信じる読者とは逆に、心理学の理論や法則が、すべての人にあてはまると信じている読者もいる。心理学の理論や法則は確率に基づいているため、すべての人にはあてはまらない。また、心理学は未熟な科学的方法を用いており、「確からしさ」は低い。心理学の理論や法則の多くは、限られた状況において、限られた一部の人にのみ、あてはまるものである。

(7) 個人にあてはめようとする

　確率による科学は、個人を予測できない。確率による科学は、個人ではなく集団に対して予測力を持つ。つまり、心理学の理論や法則によって、性格や行動などを予測できるが、それは集団に対してであり、特定の人物の性格や行動ではない。たとえば、左右対称の顔がモテるからといって、左右対称の顔のＡさんがモテることにはならない。同様に、ある犯罪者の性格や行動、その犯罪をした理由を、心理学の理論や法則によって、推測することはできない。このように、確率に基づく科学が、個人を予測できないことは、「副流煙は、明らかにがん発症の原因になるが、「誰が」がんを発症するかはわからない」ことを考えると、容易に理解できるだろう。特に心理学の場合、個人の思考や行動を予測しようとすると、非常に強い不確かさをともなう。それゆえ、有能な心理療法家や研究者であっても、個人の性格や行動などを予測することはできないし、また、そのようなことをしてはならない。

(8) 同一の結果に対する結論が研究者によって違う

　心理学を含む一部の科学領域では、同じ結果であるにもかかわらず、研究

者によって、結論が違うことがたびたび起こる。たとえば、ある研究の結果に対して、著者は「仮説が支持された」と結論づけたとする。しかし、別の研究者がその結果を見ると、「仮説は支持されていない」と考える。どちらかが、嘘をついているわけではない。仮説が支持されたかどうかは、「結果」ではなく、「結果の解釈」だからである。「結果」は客観的事実であるが、「結果の解釈」は主観であり、「仮説が支持されたかどうか」も主観である。そのため、同じ結果であるにもかかわらず、研究者によって結論（仮説が支持されたかどうか）が変わってしまう。科学は客観的方法を用い、客観的事実を提供するが、客観的事実の意味を判断する行為は主観である。たとえば、原子力発電所の危険性（安全性）に関するすべてのデータが公開されていたとする。そのデータを見て、ある人物は原子力発電所が危険だといい、別の人物は安全だということと同じである。第9章の「「有意」は仮説を支持したことにはならない」（126頁）も参照のこと。

2　科学的発見を伝える過程

(1) 科学的発見は歪められる

　科学的発見は、誰でも確かめることができるように、科学英語で書かれており、審査を通過した論文が学術雑誌に掲載されている。論文は、厳格なルールにしたがって、研究の方法や結果などを正確に記載している。その内容を正確に理解することは、大衆には難しいかもしれない。それゆえ、大衆の多くは、科学的発見の内容を、論文からではなく、メディアを通じて知る。この過程で、科学的発見は大きく歪められる。メディアやタレント心理家が、科学的発見を大衆に理解しやすくするために、歪めて（解釈して）伝えるからである（コラム29頁参照205頁とコラム30参照208頁）。さらに、メディアやタレント心理家は、科学的発見に関して、伝えなければならない事実を伝えない。その結果、心理学に関する大衆の知識は、間違っているか、あるいは正確ではなくなる。それは心理学に対する信頼を大きく失わせる行為である。

(2) 因果関係

　2変数間に**因果関係**が成り立つためには、少なくとも、以下の3つの条件を満たす必要がある（基準は科学分野によって多少異なる）。Xが原因、Yを結果とすると、①変数Xと変数Yは相関している。②変数Yより、変数Xは時間的に先行している。③別の変数による解釈の可能性がない。①と②の条件を満たすが、③の条件を満たさない例をあげて、因果関係について説明する。小学校で問題行動が増えた発達障害児が、5月に相談室を訪問し、遊戯療法を受けた。遊戯療法を受けるにつれて、問題行動が減った。この例では、遊戯療法の回数と問題行動の頻度は相関しており（①を満たす）、遊戯療法を受けたあとに、問題行動が減少した（②を満たす）。しかし、一般的に、発達障害児は、新しい学級に適応できず、その問題行動は4月から5月にかけて頻繁に観察されたのち、徐々に減少する。つまり、問題行動が減少した原因は、遊戯療法の効果ではなく、新しい学級に慣れたこと（③別の変数）であった。このように、介入研究では「介入が原因である」と思いこみやすく、別の原因が存在することに気づきにくい。因果関係を明確にすることの難しさは、第13章の「うつ病のストレスモデル」（169頁）や「認知療法」（173頁）を読むと、さらに理解できる。

　メディアやタレント心理家は、因果関係を明らかにできない相関研究・準実験による科学的発見に、因果関係の意味を持たせる。たとえば、ある性格を質問紙によって測定し、その5年後に、うつ病が発症したかどうかの検査をしたとする。そして、両変数間に強い関係を発見した。すると、「ある性格だと、うつ病になる」と説明したくなる。しかし、この研究は相関研究であり、ある性格とうつ病の発症との間に、関係があったことを意味しているにすぎない。うつ病患者の症状として、そのような性格になるとも十分に考えることができるし、性格以外の原因によって、うつ病が発症したと考えることもできる。

（3）科学的発見とその日常生活での意味

大衆の多くは、科学的発見の結論にしか関心を示さない。しかし、メディアやタレント心理家が伝える科学的発見の結論は、「差や相関が、偶然によるものではない」ことを意味しているにすぎない。差の大きさや相関の強さは伝えない。さらに、その差や相関が、日常生活でどのような意味を持つか、という情報も含まれていない。たとえば、「認知行動療法によって、睡眠障害（入眠障害）患者の入眠までの時間が短縮した」という発見があったとする。この結論は、統計的検定の結果が有意であり、認知行動療法の効果が偶然ではなかったことを示している。しかし、その効果の程度に関する情報は含まれていない。入眠までの時間が5分間、短くなっただけかもしれない。また、発見の意味についての説明もない。多くの人は、入眠までの時間が5分短縮したことに対して、効果があったといわない。また、その5分間の短縮は、睡眠障害患者にとって、症状の緩和をもたらしたとはいいがたく、睡眠障害患者の日常生活に何の変化ももたらさない。しかし、統計的検定の結果が有意であるため、メディアやタレント心理家は、「認知行動療法が睡眠障害に効果あり」という結論を大衆に伝える。

（4）一般化

科学的発見は、一般化して伝えられる。たとえば、つり橋効果に対して、「ドキドキさせれば、好きにさせることができる」というような説明である（つり橋効果については、第2章「シャクターの二要因説」参照27頁とコラム17参照139頁）。このような説明は、つり橋効果が女性にもあてはまると思わせる（最初の研究では、実験参加者は男性のみ）。心理学の発見は、特定の国や種族、特定の年齢層、特定の属性を持つ人に対する成果であり、すべての人にあてはまる成果ではない。それは、研究参加者だけではなく、状況についても同様である。心理学の発見は、限られた状況で確認したものにすぎない。つり橋効果は、つり橋で発見されたのであって、ジェットコースターやお化け屋敷で確認されたわけではない。しかし、「ドキドキさせれば、好き

にさせることができる」と伝わると、「心拍数が上がれば、ジェットコースターやお化け屋敷でも、同じ効果がある」と誤解する。また、つり橋効果は、魅力的女性の場合の効果であり、どのような容貌であっても、異性をデートに誘うことができるわけではない。

　恋愛テクニックの中には、科学的発見をもとにしたものもある。しかし、そのほとんどは、上記のように、科学的発見を一般化したものである。たとえば、実際の実験では、恋愛テクニックが、他者に好意を持たれることを確認したにすぎない。しかし、メディアが取り上げる恋愛テクニックでは、「〇〇効果を用いれば、好きにさせることができる」などと伝えられる。「好意を持つこと」と「好きになること」とでは、あまりにも違いすぎる。

　大腸がんに効果のある抗がん剤だからといって、その効果を確かめたこともない皮膚がん（メラノーマ）の患者に、その抗がん剤を投与する医者はいない。しかし、メディアやタレント心理家は、そのような一般化を平気で行っている。

(5) 出版バイアス

　科学的発見を否定する研究は、学術雑誌に掲載されにくい。特に心理学では、その傾向が顕著である。さらに、心理学では「統計的に有意でなかった」研究が掲載されることはまれである。つまり、特定の理論や法則を肯定する論文ばかりが掲載され、それを否定する論文は、ほとんど掲載されない。このような傾向を**出版バイアス**という。出版バイアスを知らない読者は、科学的発見が間違っていることを指摘している論文が見つからないため、その科学的発見を真実だと思う。また、たとえ「反証されず残っている仮説」であっても、事実ではない科学的発見は無数にある。そのような科学的発見は、他の科学分野と比較して、心理学では圧倒的に多い。

　さらに、メディアは、新しい事件は伝えるが、それが誤りであることがわかったあとでも、そのことを、新しい事件を伝えた時と同じ熱量をもって訂正しない。それどころか、誤りであったことさえ伝えない。科学的発見の場

合はなおさらである。大衆は、誤りであることが明らかになった科学的発見を、真実であると信じ、大衆には、その知識を書き換える機会さえ与えられない。しかも、心理学の発見は頻繁にくつがえっている（コラム26参照163頁）。注意すべきであるが、発見がくつがえったからといって、その研究が不正をしていたというわけではない。発見がくつがえることと、研究の不正とは、別の問題である。

(6) 大衆の問いに対する回答

　そもそも、研究者は、大衆の素朴な疑問に答えるために、研究をしているのではない。そのため、「なぜ○○なの?」という疑問に、直接答えることができる科学的発見を、見つけることは困難である。特に心理学は、実際の社会生活にそくした研究をしておらず、大衆の具体的な疑問に一致した解答を持っていない。大衆の疑問に答えるためには、その答え（仮説）を考えたあと、その仮説が正しいかどうか確かめる必要がある（新たに実験や調査をする必要がある）。しかし、メディアやタレント心理家は、大衆の疑問に答えるため、すでに発見している科学的知見を、「なぜ○○なの?」の疑問に、無理やりあてはめようとする。その時に、科学的発見が歪められる。たとえば、「イケメンが、美人とつき合うのはなぜ?」という疑問があったとする。回答として、すぐに思いつく心理学の仮説が、釣り合い仮説（コラム17参照139頁）である。タレント心理家は釣り合い仮説を持ち出して、「身体的魅力や容貌が同程度の男女が、カップルになる」と説明するかもしれない。しかし、実際の研究では、「魅力の高い実験参加者が、魅力の高い異性をデートに誘いたいと回答した」にすぎず、交際したかどうかは調べていない。「デート相手に選んだ」という発見を、「交際した」と歪めていることになる。先に説明した「一般化」は、タレント心理家が、答えることができない質問に対して答えるためによく用いる方法であり、こうした発言は虚言である。

あるテレビ番組で、心理学の研究を扱った新聞記事を紹介していた。そのテレビ番組の見出しは「引きこもりは嘘つきの始まり」、新聞記事の見出しは「薄暗い部屋に閉じこもるとウソつきになる」であった。この新聞記事を書いた医学博士は、同じ研究をもとに、ネット上で「オフィスが薄暗いと社員が嘘つきになる」と解説した。

この医学博士がもとにした研究は、おそらく 2010 年に Psychological Science 誌（最も権威ある心理学雑誌）で発表した論文（研究 1）であろう。この研究では、実験参加者に 10 ドル入りの封筒と空の封筒を渡し、5 分間 20 問の課題をさせた。そして、正解数を自己申告し、誤答数に応じたお金（1 問 0.5 ドル）を封筒に入れて返すよう、参加者に告げた。ある参加者は課題を明るい部屋（蛍光灯が 12 本）で、別の参加者は暗い部屋（蛍光灯が 4 本）で行った。実験の結果と、両群の実際の成績に差はなかったが、明るい部屋の自己申告の正解数（平均 7.8 問）より、暗い部屋の自己申告の正解数（平均 11.5 問）が高かった。また、実際の正解数より自己申告の正解数が多かった参加者（嘘をついた参加者）は、明るい部屋では 24.4% だったが、暗い部屋では 60.5% だった。この論文では、この結果を「薄暗い部屋では、明るい部屋より嘘をついた。つまり不当にお金を得た」とまとめている。この研究の追試例はわずかであるが、その多くがこの研究を支持していない。つまり、この研究の「確からしさ」は低い。

実験では「蛍光灯が 4 本の部屋」だったが、メディアは「薄暗い部屋に閉じこもる」あるいは「引きこもり」に変えて伝えた。この実験の対象は「引きこもり」ではないし、この実験から「引きこもりが嘘つきになる」という結論は導き出せない。また、実験では「嘘をついた」が、メディアは「嘘つきになった」と伝えた。「嘘つきになった」という表現は、「普段は嘘をつかない人間が、薄暗い部屋に入ると嘘つきになった」という意味である。しかし、実験では「蛍光灯 12 本の部屋で課題をした参加者」と「蛍光灯 4 本の部屋で課題をした参加者」を比較したに過ぎない。参加者が「嘘つきになった」わけではない。

上記のように、ほとんどのメディアは、心理学の発見を歪めて伝えている。それはタレント心理家も同じである。メディアやタレント心理家は、意図的に部屋を暗くし、嘘をついてお金を稼いでいるのだろう。彼らの部屋を明るくしてやれば、メディアやタレント心理家も嘘をついて、不当にお金を得なくなるかもしれない。

(7) 複数の説明と矛盾する結果

　心理学では、同一の現象を説明できる理論や法則が複数ある。たとえば、「ある人物が、ある異性を好きになった」。この現象を説明できる理論は、学習理論、社会的認知理論、情報処理理論、性役割理論など複数存在する。それぞれの理論間の説明には、類似点もあるが矛盾点もある。さらに、ある理論がある現象を説明できることを実証した科学的発見と、それを支持しない科学的発見が、それぞれ複数存在する。それゆえ、科学論文には、仮説と矛盾する研究や、それ以外の説明（理論）についても記述している。しかし、メディアやタレント心理家は、それを伝えない。その結果、メディアやタレント心理家が取りあげた説明が、唯一の説明方法であるかのように、大衆に誤って伝わる。このような行為は、ある医師が、がんを告知された患者に対して、特定のがん治療法だけを伝え、その治療法以外の治療法について、説明しないようなものである。そのような行為が、許されるだろうか。

(8) 限界の存在

　科学論文の最後には、発見の「限界」を書く。限界は、科学的発見を歪めたり、誤解させたりすることを防ぐ文章である。いい換えれば、限界とは、その発見が適用できる範囲（身の程）に関する注意喚起である。すべての科学的発見には、多くの限界がある。先に説明した一般化できないことも、研究の限界である。本章では説明できなかった測定方法の問題点も、科学的発見に限界をもたらす。科学者は、科学的発見そのものよりも、その発見の限界を強調してきた。しかし、メディアやタレント心理家は、科学的発見を伝えても、その限界は伝えない。こうした行為は、医者が「この手術は絶対に成功する。何の問題もない」と患者に断言するようなものである。そのような医者を信用する者はいない。

(9) 本書について

　本書では「非科学的心理学」や「否定された理論や法則」についても紹介

している。また、アーティファクトが疑われる研究や、追試に失敗している研究も紹介している。心理学の歴史は、非科学的心理学から決別しようと模索してきた長い戦いである（これからも戦い続けなければならない）。先人は、科学的方法を用いるために、多くの努力や工夫をしてきた。「非科学的心理学」や「否定された理論や法則」は、それを教えてくれる貴重な教材である。

　また、本書は正確ではない書き方をしている。正確に書くなら、「〇〇という人に限って、そして、〇〇という状況に限って、〇〇のようなことが起こる可能性がある。その可能性は〇〇程度であるかもしれない。しかし、〇〇のような現象が起こらないという報告もある。それは、〇〇理論では〇〇のように説明できるが、それ以外の説明方法も存在する。しかし、すべての説明が誤っているかもしれない」などとなる。このような表現は、文章を理解しにくくし、多くの紙面を必要とする。それゆえ、本書では読者が理解しやすいように、わかりやすく書くように努めた。

　おやすみなせ。

コラム30　タレント心理家と良識ある心理学者

　歪められた理論や法則は、心理学的根拠として、有害な知識を植えつける。たとえば、歪められた心理学的根拠は、黒人を劣った種族にしたり（コラム11参照97頁）、引きこもりを「嘘つき」にしたり（コラム29参照205頁）、有害な心理療法（効果のない心理療法も）に効果があると思わせたりする。さらに、歪められた心理学的根拠に基づく知識は、偏見や差別を生む（第10章「ステレオタイプ」参照131頁）。このように、正確ではない心理学的根拠による知識は、無知よりも恐ろしい。

　科学的発見を歪めている最も悪質な人は、タレント心理家である。マス・メディア（ネットの記事も含む）に露出している自称心理学者の多くは、タレント心理家である（彼らは大学教授などの肩書はあるが、学術業績はない。それゆえ自称である）。タレント心理家は心理学的根拠と称して、特定の個人の性格などを説明したり、「なぜ○○なの？」という質問に答えたりする。しかし、彼らは、大衆に誤解を与えないように、正確に説明したり、心理学的根拠の身の程（適用範囲）や限界などを伝えたり、「なぜ○○なの？」という問いに「わからない」と回答したりはしない。それどころか、虚偽の発言すら行う。たとえば、世界中で放送している「ドクター・オズ・ショー」と「ザ・ドクターズ」（医療トーク番組）を分析した研究では、番組内でコメントした医学や健康に関する推奨事項のおよそ半数には、科学的根拠がなかった（あるいは科学的根拠に矛盾していた）。タレント心理家は、富と偽りの名声を得、偏見につながる娯楽を大衆に提供し、その代償として、心理学に対する大衆の信頼を失わせている。つまり、彼らは人をだます道具として心理学的根拠を悪用しているのだ。このような行為に対して、アメリカ心理学会会長は「専門家として相応しくない態度であり、他の心理学者を貶めている」と批判している。

　良識ある科学者は、科学的発見を正確に伝えることを、何よりも重視している。それゆえ良識ある科学者は、マス・メディアで、研究者が科学的発見についてコメントすることに極めて否定的である。たとえ科学的発見を歪めることがなくとも、慎重に科学的発見を扱う。たとえば、行動遺伝学などの知見は、正確に伝わったとしても、誤解を生みやすく、悪用される危険がある。そのため、良識ある心理学者は、その発見を伝える時には細心の注意を払う。しかし、多くの科学者たちがタレント心理家の活動を見て見ぬふりをしてきた結果、心理学に関する大衆の知識の多くは、「間違ったもの」あるいは「正しくないもの」になってしまった。

索引

【著者紹介】

加藤 司（かとう・つかさ）

東洋大学社会学部社会心理学科教授。博士（心理学）。

第一著者として、Archives of Sexual Behavior, Asian Journal of Psychiatry, Behavioral Medicine, International Journal of Behavioral Medicine, International Perspectives in Psychology, Journal of Counseling Psychology, Journal of Health Psychology, Journal of Psychosomatic Research, Pain Practice, Personality and Individual Differences, PLoS ONE, Psychiatry Research, Sexual and Relationship Therapy, SpringerPlus, Stress and Health などに、原著論文が掲載されている。

主著（単著）に『離婚の心理学──パートナーを失う原因とその対処』（ナカニシヤ出版、2009年）、『対人ストレスコーピングハンドブック──人間関係のストレスにどう立ち向かうか』（ナカニシヤ出版、2008年）など。

イラスト：ケン・サイトー

正しく理解する教養としての心理学

2020年4月20日　初版第1刷発行

著　者　　加藤　司

発行者　　宮下基幸

発行所　　福村出版株式会社
　　　　　　〒113-0034　東京都文京区湯島 2-14-11
　　　　　　電話　03-5812-9702　FAX　03-5812-9705
　　　　　　https://www.fukumura.co.jp

印刷・製本　中央精版印刷株式会社

福村出版◆好評図書

藤田主一 編著
新 こころへの挑戦
●心理学ゼミナール

◎2,200円　　ISBN978-4-571-20081-6　C3011

脳の心理学から基礎心理学，応用心理学まで幅広い分野からこころの仕組みに迫る心理学の最新入門テキスト。

藤田主一・板垣文彦 編
新しい心理学ゼミナール
●基礎から応用まで

◎2,200円　　ISBN978-4-571-20072-4　C3011

初めて「心理学」を学ぶ人のための入門書。教養心理学としての基礎的事項から心理学全般の応用までを網羅。

二宮克美・山本ちか・太幡直也・松岡弥玲・菅さやか 著
エッセンシャルズ 心理学
●心理学的素養の学び

◎2,600円　　ISBN978-4-571-20083-0　C3011

豊富な図表，明解な解説，章末コラムで楽しく読んで心理学の基礎を身につけられる初学者向けテキスト（二色刷）。

広重佳治 著
心　理　学　入　門
●キーワードで読むこころのモデル

◎1,700円　　ISBN978-4-571-20077-9　C3011

現代心理学の代表的モデルをキーワードをもとに簡潔な記述と図で解説。巻末には復習問題60問と解答付き。

米谷 淳・米澤好史・尾入正哲・神藤貴昭 編著
行動科学への招待〔改訂版〕
●現代心理学のアプローチ

◎2,600円　　ISBN978-4-571-20079-3　C3011

行動科学は現代社会で直面するさまざまな問題の解決に有効である。より学びやすく最新情報を盛り込んで改訂。

行場次朗・箱田裕司 編著
新・知性と感性の心理
●認知心理学最前線

◎2,800円　　ISBN978-4-571-21041-9　C3011

知覚・記憶・思考などの人間の認知活動を究明する新しい心理学の最新の知見を紹介。入門書としても最適。

日本応用心理学会 企画／大坊郁夫・谷口泰富 編
現代社会と応用心理学 2
クローズアップ「恋愛」

◎2,400円　　ISBN978-4-571-25502-1　C3311

若者の恋愛，同性愛，おとなの恋愛，結婚，離婚，浮気，夫婦関係，家族……現代社会の恋愛にフォーカス！

◎価格は本体価格です。